OOMBLIK

LINA MALLON

OOMBLIK

ZURÜCK ZUM MOMENT
AUF EIGENEN WEGEN IN SÜDAFRIKA

Eden BOOKS

Inhalt

Prolog	13
Tag eins	15
Der Funken	23
Bain's Kloof	31
Besichtigt	43
Aber warum Südafrika?	51
Mit beiden Beinen	61
Ein Anfang	69
Entwürfe	71
Architekt*in	79
Toni the »Tub Guy«	87
Speeddating	103
Stormwater Ditch	113
Momentaufnahmen	127
Grundbruch	137
Trust the process	149
Oomblik	155
Ratschläge	161

Bad Birdwatcher 169

Gerede 179

Braaibroodjies 183

Egos 185

Baustopp 197

Schmerz 205

Zurück zum Moment 217

Zwei Schritte 223

Epilog 231

Danksagung 235

This book is for every single soul who is out there – trying.

Dieses Buch basiert auf meinen Erlebnissen und Erfahrungen während der letzten drei Jahre. Einige der Geschehnisse wurden gekürzt, umstrukturiert oder zusammenfassend erzählt und finden manchmal auch an neuen Schauplätzen statt. Ich habe mich bemüht, meine eigene Geschichte so offen, so authentisch und so ehrlich wie möglich aufzuschreiben. Daher sind Ortsnennungen real und engste Freunde, die in *Oomblik* vorkommen, erscheinen weitestgehend unter ihren Klarnamen. Mit Rücksicht auf die Privatsphäre aller anderen Personen in diesem Buch habe ich deren Namen und Charakterzüge verändert. Ähnlichkeiten mit real existierenden Personen sind demnach rein zufällig und unbeabsichtigt.

Prolog

»Weißt du denn, worauf du dich da einlässt?«

Manchmal ja, manchmal noch nicht, habe ich oft geantwortet.

Während ich dieses Buch schrieb, habe ich mir viele Gedanken über unseren Umgang mit dem Unbekannten, dem Ungewollten, dem Ungeplanten gemacht. Wie oft wir es ersehnen, wie oft wir es ablehnen, wie sehr wir das, was wir nicht kennen können, kontrollieren wollen. Wir wollen uns treiben lassen, aber dennoch nicht abdriften, wollen uns mitreißen lassen, aber am besten vorher wissen, wo wir ankommen, ob es uns genug gefallen wird, ob es sich überhaupt *lohnt*.

Die Sache ist nur die – du weißt nie, wohin dich deine nächsten Entscheidungen wirklich bringen werden, aber in dem Moment, in dem du sie triffst, gibst du dir eine Richtung.

Als ich beschloss, eine Cabin in Südafrika zu bauen, ahnte ich, was auf mich zukommen könnte, sammelte Perspektiven, saugte Erfahrungen auf, hatte schon fünf Jahre in diesem Land verbracht, bevor ich beschloss, diesen Schritt zu gehen – und hätte am Ende dennoch niemals voraussehen können, was ich dann wirklich erlebte, was mich herausfordern, wo ich am Ende landen würde.

Ich habe in den letzten zwei Jahren, in diesem Buch, auf meiner Reise, begonnen zu lernen, dass man die Schönheit eines Moments, einen Augenblick im eigenen Frieden, manchmal auch im Unbequemen, im Unfertigen finden kann. Dass er ein Teil von uns ist, den wir, ganz egal wohin wir gehen – immer in uns selbst tragen.

Selbstbewusst zu entscheiden heißt nicht, dass du dir zutrauen musst, für all das, was vielleicht kommt oder was andere dir vorhersagen, bereit zu sein. Es gibt so viele Dinge, für die du niemals wirklich bereit sein wirst. Dich überhaupt zu entscheiden heißt, dass du dir vertraust. Dass du weißt, wer du bist, welche Stärken du hast, welche Schwächen du in dir trägst, und dass du über dich hinauswachsen kannst, wenn es so weit ist. Dich *im richtigen Moment* zu entscheiden heißt nicht, dass du niemals scheitern wirst, heißt nicht, dass es nicht manchmal hart wird. Es heißt nicht, dass es keine schlechten oder einsamen Tage gibt. Aber – diese Gefühle machen unsere Entscheidung nicht falsch, machen deinen Traum nicht faul oder deinen Versuch wertlos. Sie machen dich zu einem menschlichen Wesen.

Tag eins

Ich ziehe die schwere Eisentür hinter mir zu, die schief in den Scharnieren hängt, und vergewissere mich, dass das alte Schloss sich einhakt. Hinter mir, zwischen den vielen Fieberbäumen und Akazien, die sich entlang der roten Sandpiste ziehen, über die wir gerade hergekommen sind, wird in einer halben Stunde die Sonne untergehen. Schon jetzt weicht ihre Wärme dem kühleren Wind, der mit jedem Tag ein bisschen früher ankündigt, dass der Herbst kommt. Ich stehe barfuß in meinen Latschen, das leichte Blumenkleid umspielt meine Knöchel. Den Reißverschluss meiner großen Strickjacke habe ich zugezogen, die Wolle der Ärmel bedeckt meine Fingerspitzen, nicht weil mir kalt wäre, sondern weil ich mich wohlfühle, wenn meine Hände sich in dem dichten Stoff vergraben können, während meine Füße nackt und frei sind.

Der Himmel färbt sich heute schnell in warmen Tönen, er bleibt nicht so lange klar wie sonst. Die tief hängende Wolkendecke ist in ein weiches Pink getaucht, sie wird immer dunkler und verschwindet fast darin – reißt dann aber doch noch einmal auf und lässt einen letzten Blick auf die Sonne zu, die sich hinter der Wetterfront verbirgt. Ihr Licht lässt sich nicht festhalten, es kehrt aber immer wieder zurück.

Es ist mein letzter Abend hier in Mpumalanga, im Norden Südafrikas. Wir sind extra noch einmal zu Fuß über die lange Wiese hinter dem Farmhaus spaziert, um den Blick auf den Abendhimmel zu genießen. Neben uns grasen ein paar Schafe, die erst aufschrecken, als sie den Hund bemerken, der zwischen uns läuft. Ich hocke mich ins hohe Gras, warte noch einen Moment ab, bis der Himmel seine letzte, schönste Szene zeigt. Dann beginne ich zu fotografieren. Man weiß nie, welches Foto das letzte ist, das man von einem Ort schießt, ob man jemals hierher zurückkehren wird – oder ihn von nun an nur noch in seiner Erinnerung besucht.

***

»When you lose touch with inner stillness,
you lose touch with yourself.«
– *Eckhart Tolle*

Matotoland ist noch heute der inoffizielle Name, den einst die Siswati dem Gebiet um die Seenlandschaft des *Highvelds* gaben, auf das ich gerade schaue. *Froschland* heißt das übersetzt. Mehr als zweihundertfünfzig Seen gibt es hier, mehr als fünfhundert verschiedene Vogelarten brüten während des Frühlings in der Nähe, kommen und gehen, bleiben für einen Moment, bevor sie weiterziehen, oder verlassen diesen Ort nie wieder, weil sie hier ihren Platz gefunden haben. Die Frösche sind immer da.

Seit zwei Wochen wecken sie mich jeden Morgen, meist kurz vor Morgengrauen, wenn die Luft noch feucht an den Fenstern hängt und sich als Tau über die weite Graslandschaft legt. Während ich langsam aus dem Bett aufstehe, quietschen die Dielen unter meinen

Füßen leise, sie ächzen unter dem Gewicht meiner sanften Schritte wie müde Glieder. Mit einem Streichholz zünde ich den alten Gasherd an, lasse das Wasser in den Kessel laufen. Als ich den Deckel der kleinen Kaffeedose abziehe, schaue ich direkt auf ihren blechernen Boden. Ein paar feine schwarze Reste hängen noch in den Ecken, zusammengekratzt würden sie nicht einmal einen kleinen Löffel Kaffee ergeben. Ich öffne ein paar der Schränke, mit denen ich noch nicht vertraut bin, schiebe Vorräte zur Seite und finde tatsächlich noch ein paar dunkel geröstete Bohnen. Genauso schnell stelle ich allerdings fest, dass ich keine Möglichkeit habe, sie zu mahlen. Strom haben wir hier nicht, und nach einer mechanischen Kaffeemühle suche ich vergeblich. Als der Kessel pfeift, nehme ich ihn von der Flamme. Statt das heiße Wasser in die French Press zu füllen, gieße ich vier Beutel Rooibostee damit auf, *Ceylon Blend.*

Ich mag den leicht herben, malzigen Geschmack des Ceylons – und die leise Konstante, die er in meinen Tag bringt. In beinahe jedem südafrikanischen Haushalt, selbst in Hotelzimmern oder Apartments, findet sich in irgendeiner Ecke dieses charismatische rote Päckchen mit den kleinen Beuteln voll schwarzem Tee. Er ist ergiebig, unempfindlich gegen lange Lagerzeiten, gegen warme Temperaturen und selbst gegen hartes Wasser. Mit ein bisschen Milch wird er milder. Und während er bei den meisten Südafrikanern wie selbstverständlich im Schrank lagert, bleibt er für mich etwas Besonderes. Auch heute noch erinnert er mich mit jedem Schluck immer noch an meine erste Reise nach Südafrika, an die frühen Game Drives durch den Busch und die Sonnenaufgänge im Madikwe Reserve, an die frische Morgenluft in De Hoop erst letzten September oder an die Regenwettertage in Kapstadt, als ich gerade erst auf die Long Street gezogen war, im Fenster saß und trotz all des Graus überglücklich war, mich nicht sattsehen konnte an diesem Ort. Das ist heute noch immer so.

Im Sessel neben mir liegt ein altes, abgegriffenes Taschenbuch mit dem Titel *How to Be a Bad Birdwatcher.* Ich hebe es auf, ziehe mir die Wolldecke über die Knie und schlage wahllos ein Kapitel auf. Im Grunde beschreibt der Autor Simon Barnes darin, dass Vögel zu beobachten kein Hobby für alte, weiße Männer in beigefarbenen Westen sein sollte, die das Geld ihrer Pensionszahlungen in Teleobjektive investiert haben, sondern dass eine Begegnung mit so etwas Vergänglichem wie einem fliegenden Vogel dann am bedeutsamsten ist, wenn man sowieso gerade mal wieder ein bisschen Zeit damit verbringen wollte, einfach still in den Himmel zu schauen, herumzuspazieren und die Welt wieder etwas bewusster wahrzunehmen. Nicht nur ihre Geschwindigkeit, ihre Lautstärke, sondern die leisen Momente, die einem sonst leicht entwischen würden.

Ich ziehe den Sessel auf die Veranda, lege mir ein Kissen in den Nacken und aale mein Gesicht in den Sonnenstrahlen. Ich höre, wie die Spanielhündin Phoebe die Holztreppen der Cabin hinunterläuft, blinzle kurz auf und sehe gerade noch, wie sie im hohen Gras verschwindet. Ich weiß, dass sie in zehn Minuten zurückkommen, sich neben mich legen und sich mit mir sonnen wird, ohne sich dabei der Zeit bewusst zu sein oder irgendeinen Drang zu verspüren.

Über mir zieht ein Flock Kraniche über den See, ändert seine Richtung mehrfach, einige der Tiere landen auf der sich spiegelnden Wasseroberfläche, rasten dort, bevor auch sie sich wieder in einer Formation in den Himmel schwingen. Ich schaue den Vögeln am Himmel so lange zu, bis ich die einzelnen Arten voneinander unterscheiden kann. Bis sie nicht mehr nur Flügel und ein kurzer Moment sind, sondern verschiedene Farben und Formen annehmen, sich durch verschiedene Geräusche auszeichnen, von denen ich manche wiedererkenne, manche sogar beim Namen nennen kann.

Ich bin es gewohnt, dass mein Interesse nicht langsam einsetzt, sondern sich schlagartig zeigt. Interesse braucht in meiner Welt, in meinem Alltag nur Sekunden. Ich investiere meine Zeit nur selten in Dinge, von denen ich nicht sofort weiß, dass sie mich begeistern können. Ich suche nach Funken, die auf mich überspringen und mich entzünden.

Ich koste die Begeisterung aus, lasse mich von ihr in Euphorie versetzen, aber ich pausiere nicht für das kleine Interesse.

Aber hier, hier habe ich Zeit, die ich den kleinen Dingen widmen kann, ohne sie dabei zu verlieren. Zeit hat hier und jetzt, in diesem Lockdown, in dieser Umgebung, keinen – und damit vielleicht einen unschätzbar großen – Wert. Ich habe, vielleicht zum ersten Mal seit Jahren, einfach unglaublich viel davon. Ohne den Druck, dass ich sie besser nutzen müsste, dass ich mehr Bücher lesen, diese eine Dokumentation, die schon ewig auf meiner Liste steht, noch schauen oder endlich mal meinen Schrank sortieren sollte. Ich weiß gar nicht, an wie vielen Sonntagen in der Vergangenheit ich eigentlich so viel Zeit für so vieles hatte, dass ich sie am Ende für gar nichts nutzte – und das nicht einmal genoss. Aber in einer Welt, in der ich gerade überhaupt nichts tun kann, in einer Umgebung, in der es keinen Strom, kein Netflix, kein Wi-Fi und nur drei Bücher (Simon Barnes, Eckhart Tolle und irgendein namenloser Historienroman), ein Backgammon-Spiel und mein Tagebuch gibt, ist Nichtstun gerade sehr leicht. Und während ich gar nichts tue, ergibt sich der Rest. Während ich gar nichts tue, nur ab und zu einen Schluck Tee trinke und die Tasse dann wieder abstelle, kommt so viel Vergessenes zurück. Wie leises Interesse, wie Vogelnamen, die ich vor zwanzig Jahren mal von meinem Opa gelernt habe.

»All artists, whether they know it or not, create from a place of inner stillness, a place of no mind«, schreibt Eckhart Tolle. Vor ein paar Tagen heftete ich dieses Zitat an den Rand meines Tagebuchs, das ich hier im Lockdown wieder zu schreiben begonnen habe. Ich fühlte diese Worte, fühlte, wie die Stille hier, die Stille in mir, mich wieder schreiben, mich überhaupt wieder denken ließ, mir den Raum für die Kreativität gab, die sich in mir erst wieder finden müsste. Seit Tagen skizzierte ich den Inhalt eines zweiten, sogar eines dritten Buches, ohne viel darüber nachzudenken. Ich fotografierte intuitiv, bildete ab, was ich sah und nicht, was ich einfangen wollte.

Ich konnte wieder fühlen, wirklich spüren, was ich da tat. Es hatte erst leise um mich herum und dann schließlich leise in mir selbst werden müssen, damit meine kreative Stimme, die sich in letzter Zeit so heiser angehört hatte, wieder zurück zu ihrer vollen Lautstärke fand.

Während die Welt dort draußen tobte, sich ängstigte, nervös zuckte, stand sie gleichzeitig still. Wir konnten nicht bestimmen, wann sie sich weiterdrehen würde, aber wir hatten zumindest die Chance zu bestimmen, ob wir selbst mit ihr toben und zucken wollten – oder ob wir uns erlaubten, uns wieder mit der Stille anzufreunden, sie in uns aufnahmen, statt sie zu fürchten.

Chris' Stimme reißt mich aus meinen Träumen, ich bin wohl eingenickt. Mein linker Arm, der unter meinem Kopf liegt, fühlt sich taub an. Neben mir hat sich Phoebe eingerollt.

»Guten Morgen«, sagt er und umarmt mich. Er fühlt sich warm an und riecht nach NIVEA-Creme, nach Rosmarin und Orange. Seine Haare hat er zusammengebunden, steht sonst aber noch barfuß und in Pyjamahose vor mir.

»Ich muss noch einmal eingeschlafen sein.«

Er reicht mir mein Handy, das ich seit zwei Wochen kaum benutzt habe. Das Bootshaus liegt in einem Funkloch. Wenn ich kurz ein paar Nachrichten lesen oder mit meinen Freunden telefonieren möchte, muss ich gut vierhundert Meter weit laufen. Meistens verbinde ich den Weg mit einem längeren Spaziergang, setze mich dann auf den hellen Sandstein am Rande des Sees und schalte die Funkverbindung ein. Statt geistesabwesend über den Bildschirm zu scrollen und in banalen Daten zu versinken, an die ich mich später kaum erinnern würde, ist es für mich zu einem Ritual geworden, am Nachmittag kurz mit meinen engsten Freunden zu sprechen, ihnen Bilder zu schicken und ein bisschen Liebe und Wärme mit ihnen auszutauschen. Dafür liebe ich die Möglichkeit, mich von überall auf der Welt mit ein paar Klicks mit meinen Liebsten verbinden zu können. Für alles andere ist sie in den letzten Tagen belanglos geworden.

Ich tippe auf das Umschlagsymbol auf meinem Handybildschirm, öffne die E-Mail, die paar Kilobyte, die es trotz Funkloch irgendwie hier auf die Terrasse geschafft haben. Dann ziehe ich meinen Pullover aus, hole mir ein Handtuch aus dem Badezimmer, binde es um meinen Kopf und komme zurück auf die Terrasse. Chris grinst und schenkt mir eine Tasse Kaffee ein.

»Alles okay?«

»Ich hab eine Mail vom Konsulat bekommen. Ich bin auf einer Liste.«

»Für die Rückholflüge? Wann denn?«

»In zwei Tagen ...«

Der Funken

Zwei Wochen habe ich im Bootshaus von Chris' Familie im südafrikanischen Lockdown verbracht, bevor mich ein Flug von Johannesburg zurück nach München und das Auto meiner Freundin schließlich bis zu meiner Wohnung in Hamburg bringt. Chris – das ist der Mann, in den ich mich in diesem Moment vielleicht verlieben könnte, den ich nicht date, den ich aber auch nicht *nicht* date. Und den ich nicht vergessen kann, auch wenn ich ihn auf unbestimmte Zeit nicht wiedersehen werde.

Ich erlebe die gesamte Rückreise – den Abschied, die vielen Unterschriften auf noch mehr Formularen, die Kontrollen, die Listen mit meinem Namen darauf, den Check-in, die Menschen, das Umladen des Gepäcks, das Warten, die Ungewissheit, noch mehr Papiere, noch mehr Stempel, die Unterbrechungen, schließlich die Landung – wie in Zeitlupe, wie eine Aneinanderreihung von Abschnitten, durch die ich beinahe automatisch geschoben werde. Der stille Flughafen fühlt sich surreal und befremdlich an, wie eine abgekapselte Zwischenstation, in der es gerade weder ein Datum noch einen Tagesablauf gibt. Als mich die Bundespolizei in die Ankunftshalle entlässt und ich auf einem menschenleeren Parkplatz auf Sabine warte, mit der ich mir für sieben Stunden die Strecke bis nach Hamburg teilen werde, fällt es mir schwer zu begreifen, dass ich zurück in Deutschland bin.

Noch nicht einmal als die Tür meiner Wohnung hinter mir ins Schloss fällt, komme ich wirklich an. Ich lasse den Koffer im Flur stehen, ziehe meine Schuhe aus und löse den Knoten, zu dem ich meine Haare vor mehr als 18 Stunden gebunden habe. Ich beziehe mein Bett neu, schalte meinen Geyser wieder an, dusche und lege mich mit nassen Haaren auf die Kissen, die sich in der Abendsonne, die durch meine Balkontür scheint, aufgewärmt haben. Es ist kurz nach sieben Uhr abends und noch hell, und obwohl es zwischen Südafrika und Deutschland gerade keine Zeitverschiebung gibt, fühle ich mich, als würde ich festgehalten von dem Gefühl, das wir Jetlag nennen. Außerhalb von Zeit und Raum, ziellos, erschöpft, aber nicht müde, abgenabelt von der Welt, bis wir nach ein paar Nächten wieder synchron mit ihr schienen.

Und auf einmal kommt mir ein Gedanke: Was, wenn dieser Jetlag der eigentliche Lockdown war?

***

»To feel inner stability, hold on to your routines and if that is not possible – find new ones.« Diesen Rat hat der südafrikanische Präsident Cyril Ramaphosa seinen *fellow South Africans* in einer seiner wöchentlichen Ansprachen mit auf den Weg gegeben. Aber auf einer Farm, auf der wir uns frei bewegen durften, auf dem Sonnendeck, auf dem wir die Tage einfach verstreichen lassen und uns von allem, das sich um uns herum ständig änderte, aber wir nicht ändern konnten, abkapseln konnten, hatten wir keine Routine gebraucht. Chris und ich lernten uns gerade erst kennen, und ein Tag, den wir bei einem Herbstgewitter im Bett verbrachten, war genauso schön wie einer, an dem ich las und mich in Erinnerungen und

Worte vertiefte, während er am Tisch neben mir zeichnete. Ohne Strom, ohne Lärm, ohne ständige Verbindung nach außen war es uns leichtgefallen, den weltweiten Lockdown, all seine Informationen und seine Nervosität auszublenden. Für mich fühlte sich die Welt nicht auf einmal viel zu klein auf diesen 52 Quadratmetern an – sondern genau richtig.

Zurück in Hamburg, nach 48 Stunden, die ich mit einem achtlos im Hintergrund laufenden Netflix-Bildschirm und bestelltem Essen im Bett verbracht habe, fühlt sich die gleiche Quadratmeterzahl auf einmal nicht mehr warm und geborgen, sondern beengend und gleichzeitig auch irgendwie leer an.

Auf der Farm habe ich die Stille der Natur genossen, aber hier in Eimsbüttel fehlt mir die Sammlung an menschlichen Geräuschen, die mir normalerweise das Gefühl gaben, ein Teil der Stadt zu sein. Das Klappern der Cappuccino-Tassen auf der Osterstraße, die Schritte der Spaziergänger, die Gespräche unten vor dem Obstladen, der Verkehr, der an der Ampel abebbt und nach einer kurzen Unterbrechung wieder anfährt, die U-Bahn, die sich surrend unter unserem Haus durch den Tunnel arbeitet – ohne all das fühlt sich meine Stadt wie fader Beton an, dem seine Seele fehlt.

Auf meinem ersten Spaziergang, zu dem mich meine Freundin Nori abholt, fühle ich mich wie ein Fremdkörper, der hier draußen zwar erlaubt, aber kaum geduldet ist. Und als ich mir schließlich einen Kaffee mache, die Bohnen automatisch von der Maschine mahlen lasse, Milch aufschäume und mich dann mit einer großen Tasse in der Hand wieder zurück in meine Kissen und die endlose Menge an Instagram Stories sinken lasse, die mich entweder ernüchtern, überfordern oder einfach nur abschalten lassen, beginne ich zu verstehen, dass die stetige Verbindung zur Welt – zu Unterhaltung, Zerstreuung, zu unzähligen Formen der Kommunikation, zu sozialen Netzwerken, zu jeglichem Komfort – nicht die war, die mir fehlte, überhaupt nicht die war, die ich brauche, um mich in diesem Lockdown zurechtzufinden, um zu mir selbst zu finden.

`Das Gefühl von Glück entsteht selten einfach aus einer bestimmten Situation heraus - sondern wurzelt in unseren Gefühlen, die wir aus ihr ziehen. Gleiches gilt für das negative Gefühl, irgendwie verloren zu sein - es wurzelt niemals einfach nur in unseren Umständen, sondern in unseren Gedanken über diese.`

In den letzten zwei Wochen, so viele Kilometer von meinem gewohnten Umfeld entfernt, in einem fremden Bett, an einem unbekannten Ort, den ich mir unter normalen Umständen niemals ausgesucht hätte, in der Stille des Highvelds, hatte ich mich nicht einen einzigen Moment lang einsam gefühlt, sondern das zeitlose Alleinsein genossen.

Zurück in meiner eigenen Wohnung, in der Nähe von all den Dingen, die ich liebe, die ich schätze, die mein Zuhause füllen – lähmt mich das Heruntersticken der Stunden. Ich habe hier jede Ressource zur Hand, um meine Gedanken zu füttern, aber finde trotzdem keinen Appetit. Ganz egal wie viele Bücher ich mir bestelle, die zu lesen ich mich dann aber irgendwie doch nicht aufraffe, wie oft ich Brot backe, um es dann nicht einmal zu essen, wie viel Mühe ich in meine Pflegeroutine investiere, um im Spiegel dann doch in ein müdes Gesicht zu schauen – meine gezwungenen Routinen schaffen es nicht, die emotionale Leere auszugleichen, von der ich nicht einmal weiß, woher sie auf einmal kam oder was sie auslöste. (Nein, hier geht es nicht darum, dass mir dieser eine Typ fehlte, den ich gerade erst kennengelernt hatte, hier geht es um mich.)

Nicht der Lockdown ist mein Problem, ich selbst bin es.

In Mpumalanga habe ich Inspiration gefühlt, in unscheinbaren Momenten kleine Funken gefunden, mich selbst gehört und gespürt. Ich bin neugierig geworden auf ein Leben *unplugged.* Ich war verliebt – nicht in einen Mann, sondern in ein Land und seine vielen Facetten, in seine Weite und seine Wärme, die ich, egal welchen Teil Südafrikas ich besuche, immer wieder finde. Und genau das ist es, was ich jetzt vermisse, was ich auf Amazon nicht bestellen, in meinem Alltag im Lockdown nicht durch irgendeine Routine erzwingen kann.

Ich hatte in den zwei Wochen eine Sehnsucht in mir wiederentdeckt, die ich vor einigen Jahren aus den Augen verloren hatte, die zwischen meinen Reisen, meinem Job als Bloggerin und Fotografin, den vielen Möglichkeiten, die ich beruflich ausschöpfte, aber auch dem Tempo meines eigenen Lebens, meiner Dates, Kurztrips, Kolumnen, Briefings, Partys, Festivals, meiner Neugierde auf immer neue Erfahrungen – einfach verloren gegangen war.

Ich hocke mich vor mein Bücherregal und brauche einen Moment, bis ich den dunklen Einband wiederfinde, den ein dichter Wald und tiefes Grün ziert. *Cabin Porn* steht auf dem weißen Umschlag des Hardcovers, das ich vor einigen Jahren in den englischen Cotswolds gekauft habe. Ich erinnere mich noch genau an die Reise, die ich im Oktober 2015 unternommen habe. Für eine Woche war ich mit dem Zug erst nach Oxford und schließlich nach Chipping Campden gereist, wo ich im Bed and Breakfast The Seagrave Arms für ein paar Tage übernachtete. Ich schrieb dort am ersten Entwurf meines ersten Buches, spazierte jeden Tag mehr als 15 Kilometer durch die Landschaft, kehrte zum Lunch in ein Pub ein, wärmte mich am offenen Kamin bei einem Sandwich und einem Pint auf und stöberte auf dem Rückweg durch die kleinen Shops, die sich entlang der High Street reihten. In einem von ihnen stieß ich schließlich auf jenes Buch, das ich jetzt in den Händen halte.

Es ist ein Bildband über unzählige Hütten und Cabins, die meisten davon *straight off the grid.* »Are you yearning for a simpler existence? Find the rural escape of your dreams in this beautiful book from the creators of the wildly popular tumblr Cabin Porn«, beginnt die Sammlung, die Zach Klein und Steven Leckart gemeinsam kuratiert haben. Die Idee begann mit einer Gruppe von Freunden, die 55 Hektar Wald in Upstate New York verwalteten und gemeinsam erst auf Tumblr, später auf Instagram Inspirationen für ihre Bauprojekte sammelten und vorstellten. Mit immer mehr Häusern, die das Kollektiv besuchte, fotografierte und vorstellte, zog die Page eine immer größere Fangemeinde an und wurde zu einem internationalen Phänomen.

So viele Menschen sind fasziniert von dem, was eine kleine Hütte irgendwo im Nichts, abgeschnitten von der Zivilisation, repräsentiert. Ich war einer von ihnen, schon damals sofort angezogen vom leisen Kick des Alleinseins – und ich bin es jetzt wieder.

Ich lasse mich auf den Fußboden sinken und blättere durch die über dreihundert Seiten, kann mich nicht sattsehen an den verschiedenen Designs und Umsetzungen, an den kleinen *timber cabins,* verschluckt von kanadischen Wäldern, an den minimalistischen Tiny Houses, die in den nordamerikanischen Nationalparks verstreut sind, den *container pods,* die auf Klippen über norwegischen Fjorden sitzen, und schließlich den spiegelnden Glasfronten der isländischen *eco cabins,* die mitten hinein in eine karge, aber nicht weniger imposante Felslandschaft gebaut wurden.

Als ich das Buch wieder zuklappe, ziehe ich mein Handy aus der Hosentasche und suche auf Social Media nach dem Kollektiv. Ich bleibe an einem der letzten Posts hängen – zwischen grauen, sich auftürmenden Gesteinsformationen, umsäumt von unberührter Vegetation und in ein schimmerndes Licht getaucht, das mir so bekannt vorkommt, das viele einzigartig auf dieser Welt nennen, thront eine kleine *cabin.* Ich folge dem Geotag, dann sende ich den Post an Chris und frage: »Ist das hier wirklich Südafrika?« Meine Finger gleiten über die vielen Bilder, über noch mehr Eindrücke und Aufnahmen, meine Gedanken träumen ihnen weit voraus, und es gefällt mir, sie rennen zu lassen, sie nicht zu stoppen. Oftmals brachten sie mich an Orte, die ich sonst nie gefunden hätte.

»Ja, das ist Bain's Kloof, das ist ungefähr neunzig Kilometer von Kapstadt entfernt«, antwortet er ein paar Minuten später.

`Da ist er, der Funken.`

Bain's Kloof

Rückblende: Es ist April 2019, wir sitzen in der Abendsonne Kapstadts, machen uns gerade das zweite Bier auf. Jorge hört mir zu, während ich mir den Frust des Tages von der Seele rede.

Vor einigen Wochen habe ich meine Bewerbungsmappe als Gastlektorin für fotografisches Storytelling und Markenmanagement bei verschiedenen Akademien hier in Kapstadt eingereicht. Drei haben mir geantwortet und mich zu Gesprächen eingeladen, zwei davon habe ich besucht, beide waren begeistert von meinen Lektionsentwürfen, beide haben mir die Leitung eines Kurses angeboten.

»Wir lieben dein Konzept, wir lieben dein Portfolio und können dir ab sofort einen Raum für deinen Kurs geben und ihn mit in den Stundenplan aufnehmen. Wenn er im ersten Team gut besucht ist, könnte er im zweiten sogar *mandatory* werden. Ab dann können wir dich auch mit zweitausend Südafrikanischen Rand pro Einheit bezahlen und dir eine Einheit pro Woche anbieten.«

Übersetzt hieß das: Wenn ich drei Monate umsonst für die Akademie arbeitete und genug Student*innen in meine Kurse lotste, bestand danach die Chance, dass ich ungefähr 450 Euro im Monat verdienen würde. Damit würde ich nach Abzug der Steuern nicht einmal die Miete meines kleinen Apartments bezahlen können.

Die Akademie für Fotografie in Stellenbosch hatte mir immerhin ein sofortiges Gehalt von siebentausend Südafrikanischen Rand angeboten. Obwohl auch das auf keinen Fall reichte, um meinen Lebensunterhalt zu bestreiten, stellte sich im Gespräch mit der Teamleitung für mich noch ein ganz anderes Problem heraus: Keine der Akademien würde mir einen festen Vertrag geben können, der mich für eine Arbeitsgenehmigung qualifizieren könnte.

Und die Sache war außerdem die: In den meisten Fällen benötigten die Bewerber*innen ein generelles *work visa,* um sich für einen Vertrag zu qualifizieren, allerdings konnte ich mich darauf nur bewerben, wenn ich entweder bereits einen Vertrag vorweisen konnte – oder aber mich für einen Job qualifizierte, der auf einer Art Mangelliste, den *critical skills,* verzeichnet war. Denn wer eine Profession oder einen Abschluss hatte, der in Südafrika dringend gebraucht wurde, konnte sich auch ohne festen Arbeitsvertrag für ein Arbeitsvisum bewerben.

Wer Südafrika mit seinem Wissen und seinen Fähigkeiten bereichern kann oder aber mit seinem Business sogar weitere Arbeitsplätze schafft, hat eine positive Ausgangslage auf dem Markt und bei den Behörden. Wer aber einen Job möchte, den genauso gut eine Person aus Südafrika ausüben kann, braucht dafür einen triftigen Grund. Bei einer Arbeitslosenquote von 35 Prozent im eigenen Land ergibt das Sinn und fühlte sich für mich nur allzu verständlich an.

Sosehr ich nach Südafrika ziehen wollte, so falsch fühlte es sich für mich dennoch an, dies auf dem Rücken der Menschen zu tun, die sich hier durch eine Ausbildung oder ein Studium hochgearbeitet hatten und nun genauso intensiv wie ich nach einem Einstieg suchten, um sich das Leben in dem Land, in dem sie aufgewachsen waren, auch weiterhin leisten zu können. Auszuwandern blieb eine persönliche und freie Entscheidung, vielleicht sogar ein Privileg.

(Ein Beispiel: Ich war als deutscher Gast jederzeit willkommen, ich konnte darum bitten, länger bleiben zu dürfen, ich konnte mir unter Umständen erarbeiten, ein Teil der südafrikanischen Gesellschaft zu werden, im Gegenzug durften Südafrikaner ohne Gehaltsnachweise oder persönliche Einladungen den Schengenraum nicht einmal bereisen.)

Ich wusste, dass ich das Problem nicht allein lösen konnte, dass ich als europäische Auswanderin, die nach Afrika kam, sogar ein Teil des Problems war: Wie findest du deinen Platz – ohne ihn dir einfach nur zu nehmen?

»Vielleicht darfst du nicht einfach nur danach suchen und irgendwann glücklich über ihn stolpern – du musst ihn selbst erschaffen«, sagt Jorge und nippt an seiner Bierflasche.

Ich nehme ebenfalls einen Schluck, nicke zustimmend, aber finde keine Antwort. Ich hatte so viele Gründe, ich hatte den Mut, aber trotzdem keinen Platz – und seit heute auch nicht mal mehr einen Anfang.

»Welchen Job hast du denn vor Augen, wenn du dich selbst in Südafrika siehst? Hier in Kapstadt?«

Jorge lehnt sich mit dem Rücken an die Balkonbrüstung und kreuzt seine Füße. Statt sofort zu antworten, versuche ich, all die Antworten zu sammeln, die sich in mir melden. In den letzten acht Jahren habe ich in Deutschland vor allem als freiberufliche Reisefotografin und Bloggerin gearbeitet. Ich liebte das Schreiben, ich liebte gute Geschichten, und mit der Fotografie hatte ich meine vielleicht größte Leidenschaft zu meinem Beruf gemacht. In den letzten Jahren hatte meine Branche sich zu wandeln begonnen. Aus Bloggerinnen wurden Influencerinnen, die Inhalte wurden schneller, bewegter, richteten sich auf *snackable snippets* aus, also auf eine Form von kurzen Videos, die du auch nebenbei konsumieren kannst. Ich wusste, dass Fotoreportagen über mehrere Seiten, große Bilder, Lesezeiten von zehn bis fünfzehn Minuten vor allem online eine immer kleinere Rolle spielen, zu einer Nische werden würden. Ich kämpfte nicht dagegen an. Ich wusste, dass ich mich verändern, dass ich mich anpassen und in die Richtung, in die der Nutzer steuerte, entwickeln musste, wenn ich mein Geld weiterhin auf Social Media verdienen wollte. Das war der ganz normale Zyklus, wenn du in einem Berufsfeld erfolgreich sein wolltest, das auf ständiger Veränderung und immer neuen Updates basierte. Während ich noch über Mode bloggte, Fashion Weeks besuchte und Hotels vor allem auf ihren Lifestyle testete, hatte es auf mich einen riesigen Reiz ausgeübt, Trends in den Fingerspitzen zu fühlen, sie umzusetzen, manche von ihnen nur anzuprobieren und dann wieder loszulassen. Es war eine schnelllebige Zeit in meinem Leben gewesen, die ein Teil von mir ausgekostet und abfotografiert hatte – während ein anderer sich trotzdem nie so ganz wohl in ihr fühlte, nach mehr Tiefe, nach mehr Verbundenheit suchte, Momente nicht einfach nur abdrücken, teilen, durchblättern, sondern festhalten wollte.

In letzter Zeit hatte ich genauer hingehört, hatte mich bewusst für Einladungen und Jobs entschieden, die mir ein Stück der Welt zeigten, von der wir uns so entfremdet hatten, die mir die Chance gaben, mich zurückzuverbinden, ein Gefühl für diesen Planeten und seine unendlichen Facetten zu entwickeln. Ich entschied mich für Reisen, auf denen ich Teil von lokalen Projekten und nachhaltigerem Tourismus sein konnte, statt neue *happenings* zu feiern oder *money shots* zu jagen. Ich entschied mich gegen Dubai, gegen Miami, gegen Abu Dhabi, am Ende sogar gegen L.A. – reiste stattdessen mit dem Auto über das griechische Festland, trieb Ziegen durch kretische Dörfer hinauf ins Bergland, lernte, wie man Feta über dem offenen Feuer herstellte, tauschte Bangkok gegen Trang, entdeckte die Ruhe auf Ko Kut, wanderte in den schottischen Highlands, füllte Whisky in Fässer, verlor mich für eine Nacht im Trubel der Tallinner Künstlerviertel, schlief mit mehr als vierzig Huskys auf einer verschneiten Insel auf dem Inarisee und landete am Ende schließlich immer wieder hier: in Südafrika. Zuerst in Johannesburg, dann in Madikwe, in Hoedspruit, in Manguzi, in Jozini, in Phinda, in Cederberg, in Wilderness, in Simon's Town, in Oudtshoorn – und Kapstadt. Immer, immer wieder Kapstadt.

Ja, zugegeben, gar nicht so weit entfernt von dem Jetset-Lifestyle, den ich doch ein paar Zeilen weiter oben noch austauschen und wegschieben wollte, gar nicht so weit entfernt vom Hype um Locations, Partys, Status, Egos und Wegwerfkultur. Und dann doch.

Zumindest für mich. Denn als ich hier in Kapstadt zum ersten Mal aus dem Taxi steige, mich umringt von der Weite des ungezähmten Atlantischen Ozeans und unter dem Schutz der thronenden Zwölf Apostel wiederfinde, die wie Ahnenväter über die Stadt wachen, spüre ich keinen Hype, keine Hast, sondern instinktive Verbundenheit. Ich fühle mich nicht fremd an diesem Ort, den ich zum ersten Mal in meinem Leben betrete, nicht wie jemand, der gerade erst ankommt – sondern endlich zurückfindet. Als wäre ich schon einmal hier gewesen, als hätte mich das Universum nur beinahe dreißig Runden um die Sonne geschickt, bis es mich wieder hierherbringen wollte.

Mein ganzes Leben lang hatte ich gewusst, immer wieder in jeder Faser gefühlt, dass ich reisen musste, dass ich immer wieder aufbrechen wollte, egal wohin, unterwegs sein, mich manchmal treiben lassen, manchmal gezielt entdecken, erleben, aufsaugen – und dann mitnehmen. Ich fühlte mich lebendig, wann immer ich unterwegs war, wann immer ich noch so viel mehr von der Welt sehen durfte.

Hier in Kapstadt dachte ich zum ersten Mal über das Bleiben nach. Zum ersten Mal nicht über das Bleiben-Müssen, sondern das Bleiben-Wollen.

Ich war bereit für die nächsten hundert Seiten, die ich mit all den Fetzen und Notizen und Erinnerungen füllen könnte, die ich in den letzten Jahren an so vielen Orten, in so vielen Situationen gesammelt hatte. Ich trug diesen riesigen Koffer mit all den mentalen Notizen und Eindrücken mit mir herum, mit all den ungelegten Ideen und losen Fäden, mit denen ich ihn immer weiter füllte – ohne dass er mir dabei jemals zu schwer hätte werden können. Ich hatte mitgenommen, was auch immer mir gefallen, was mich berührt oder inspiriert hatte. Ich war bereit, ihn aufzuschlagen, auszupacken und all das auf mich wirken zu lassen, was vielleicht mein nächstes Kapitel inspirierte.

Seit mittlerweile vier Jahren breitete ich das Puzzle vor mir aus, schob es immer wieder neu zusammen, drehte es, sah es aus so vielen Perspektiven an, setzte ein paar neue Steine ein, konnte das Bild beinahe erkennen, so vieles passte längst - und trotzdem fügte es sich nicht.

»Ich weiß, dass ich mich gern hier sehen würde. Hier in Südafrika. Ich weiß, dass ich niemals nur einen Job machen werde, dass ich das Schreiben niemals aufgeben, aber auch niemals nur davon leben könnte, dass ich die Fotografie immer liebe, aber nicht bereit bin, sie zu jagen, dass ich etwas teilen und kreieren will, nicht nur ein Bild, nicht nur eine Geschichte, am liebsten ...«

»Am liebsten?«, hakt Jorge nach.

»... einen Ort. An beinahe jede meiner Erinnerungen ist ein Ort geknüpft, ein Land, eine Stadt, ein Hotel, ein Wohnzimmer, eine Bar, ein Strand, eine Bank, ein Dach, diese eine Straße, dieses Bett, diese Aussicht. So viele kleine und große Punkte auf der Weltkarte halten so viele Gefühle, so viel Inspiration für mich fest. Es ist faszinierend für mich, wie viele Menschen ich kennengelernt habe, deren Visionen, deren ganze Persönlichkeit auch in den Orten steckte, die sie geschaffen haben. Sie teilen sie mit dir in jedem Winkel, jedem Zimmer, geben dir mit jedem Drink, oder während du in diesem einen Sessel sitzt, ein Stück davon mit. Und ich glaube, ich wäre irgendwie gern einer von ihnen. Ich habe in den letzten Jahren so viel über *hospitality* gelernt, über entschleunigten und fairen Tourismus und wünschte, ich könnte einen Weg finden, ihn nicht nur zu unterstützen, sondern ein Teil von ihm zu sein. Vielleicht mit einem Guesthouse, vielleicht mit einem eigenen Retreat. Ich mag den Gedanken, dass jemand irgendwann mal an meinen Ort kommt und dort auch irgendetwas findet, das er oder sie mitnimmt, wohin auch immer …«

***

Ich hatte diesen Traum bisher genau dort gelassen, auf einem Balkon, im April 2019. Denn genau das war es: ein Wunsch, noch lange kein Plan, eine wilde, rohe Idee, in der ich mich gern für ein paar Stunden verlor, sie ausmalte und dann wieder zur Seite legte. Es gab weder die finanziellen Mittel noch das richtige Stück Stadt oder Land, um aus dem Nichts ein Hotel oder eine Bar in Südafrika zu eröffnen und mir damit noch ganz nebenbei mein Visum zu sichern.

Vor ein paar Monaten war für ein paar Sekunden tatsächlich ein bisschen Leben in den Traum gekommen, die Stadtverwaltung von Kapstadt hatte eines der leeren Objekte im Stadtkern zur Auktion ausgeschrieben. Ich lief beinahe täglich daran vorbei, manchmal hielt ich an und versuchte durch die gerissene Pappe, die die Fenster verdunkelte, einen Blick ins Innere zu werfen. Das Haus auf der Bree Street hatte den perfekten Grundriss für eine Rezeption, einen kleinen Coffee Shop, der sich abends in eine Bar verwandeln konnte, bot Platz für vielleicht vier oder sechs Zimmer, eine Dachterrasse mit Blick auf die Stadt und den Tafelberg. Meine Vision war ein modernes Bed and Breakfast gewesen, die Nische zwischen einem Hostel und einem Boutiquehotel, ein Ort, an dem du ankommen oder von dem du losziehen kannst, an dem dein Tinderdate startet, dein Arbeitstag endet oder deine Reise beginnt, dein Safe Space, der zwar ein Teil der Party ist, aber nicht ihr Mittelpunkt.

Ich pitchte mein Konzept und ein paar Finanzierungsoptionen an einen Bekannten, der interessiert daran war, eine solche

Immobilie in Kapstadt zu erwerben. Am Ende war ihm der Schritt zu groß, das Risiko zu hoch, die Idee noch viel zu vage – er zog sich zurück. Und ich fühlte so etwas wie Erleichterung.

Nicht weil mir der Mut fehlte, das war es nicht. Mut war noch nie mein Problem gewesen. Nicht weil ich mich vor nichts fürchtete, ganz im Gegenteil. Aber immer dann, wenn die Unsicherheit oder sogar die Angst vor etwas Unbekanntem in mir hochkamen, schoss mir dieser Gedanke in den Kopf:

`Ich will in drei Jahren nicht zurückblicken und denken: Es hätte eigentlich so großartig, es hätte vielleicht sogar einer der besten Momente für mich sein können – aber ich habe mich einfach nicht getraut, ich habe es nicht geschafft, zu springen (oder zu bleiben).`

`Ich sagte mir immer: In fünf Jahren will ich viel lieber erzählen, wie die Angst versucht hat, mich von den wirklich guten Entscheidungen meines Lebens abzuhalten – aber ich habe sie einfach nicht gelassen.`

Und auf eine Sache hatte ich mich bisher immer verlassen können: Wenn ich etwas nicht nur einmal für mich entdeckte und dafür brannte, sondern immer wieder fand, immer wieder daran hängen blieb, wenn ich den Stein nicht in mein Puzzle presste, sondern einfach immer wieder in die Hand nahm, noch einmal in eine andere Richtung drehte, würde er schließlich irgendwann passen und einrasten.

Ich hatte gespürt, dass ich den richtigen Stein in der Hand hielt, als ich zuletzt im Schaukelstuhl des Bootshauses gesessen hatte und die Welt aufwachen ließ, im Morgengrauen über die noch feuchten Wiesen gelaufen war, den Sonnenaufgang über dem Lake Chrissie nur mit mir selbst und dem Ruf der Bokmakiris teilte, als ich zuletzt ein Stück von mir an einem Ort gelassen und gegen Inspiration eingetauscht hatte. Ich wusste, dass ich nicht umsonst hier gelandet war, irgendwo in Mpumalanga, dass das Timing meines Lebens mir etwas mitgeben wollte, mir noch etwas zeigen wollte, bevor es mich in den nächsten *turn around the sun* schickte. Und vielleicht hielt ich hier gerade einen Anfang in den Händen, eine Richtung.

***

»Wozu willst du denn einen Hühnerstall?«, fragt Chris mich lachend und schlägt sich die Hand vor das Gesicht.

»Für die frischen Eier!«, verteidige ich mich. »Ich will einen Hahn und drei Hennen. Das ist eine faire Mischung. Und dann noch einen Dackel, einen Strauß, ein Alpaka und einen kleinen Elefanten. Den Dackel hab ich schon.«

»Wozu genau denn der Strauß?«

»Zum Schutz der anderen, ein wütender Strauß ist so ziemlich die beste Verteidigungsstrategie.«

»Okay, stimme dir zu, Strauße sind *shit-scary!* Das Alpaka?«

»Du kannst mit denen spazieren gehen.«

»Wie groß ist ein kleiner Elefant?«

»Vielleicht so bis zur Hüfte?«

»Oh, okay … natürlich!«

Er hebt entschuldigend die Hand und ich ziehe den Bildschirm ein bisschen näher zu mir heran.

Wir facetimen seit ungefähr zwei Stunden, haben erst zusammen gekocht, dann zusammen gegessen (virtuelle Datenights während des ersten Lockdowns, wer erinnert sich?) und schließlich zusammen durch die Inserate für Farmen und *smallholdings* in Südafrika gestöbert. Ich gehöre zu den Menschen, die es lieben, sich vor dem Schlafengehen mit einem Glas Wein in der Hand noch durch Immobilienangebote überall auf der Welt zu scrollen. Es klingt absurd, aber aus irgendeinem Grund entspannt es mich. Es ist wie ein kurzer, neugieriger Blick in ein Leben, das ich nicht führe, aber das zur Auswahl stehen könnte, ein Landhaus in Südfrankreich, eine Hacienda in Katalonien, ein Panoramastudio in New York oder ein Beach Bungalow in Vilanculos. Heute landen wir auf einem Bauernhof in Swellendam, sehen uns Baumhäuser in der Nähe von Knysna an, ein zwei Kilometer langes Stück Sandstrand, das man nahe der Pringle Bay erstehen kann, und ein renovierungsbedürftiges Cottage in der Nähe der Zederberge, in das ich mich beinahe augenblicklich verliebe, aber das mit drei Millionen Südafrikanischen Rand Kaufpreis nur ein kurzer Flirt bleiben wird. Gerade sind wir an einem Stück Land in der Nähe der kleinen Karoo hängen geblieben. Das alte Farmhaus ist abrissbedürftig, aber zumindest ein paar Koppeln und Gehege sind noch in gutem Zustand.

»Ich frage mich immer, wer eigentlich freiwillig in die Karoo zieht. Ich meine, was macht man mit all dem Sand und Staub und den Steinen, umgeben von Wüste?«

»Ein *hideaway* bauen. Eine Art *sanctuary* für alle, denen der Lärm der Stadt oder die Geschwindigkeit des Alltags zu viel wird. Ein kleines Stück Land, mitten im Nirgendwo, auf dem du endlich mal wieder deine eigenen Gedanken hören und nachts mal wieder die Sterne sehen kannst … ohne dabei gleich campen zu müssen. Ich kenne eine Menge Kapstädter, die sich genau das wünschen …«

»Aber dafür vier oder fünf Stunden mit dem Auto unterwegs sein? Nur um die Sterne zu beobachten?«

»Ja – ich weiß. Bain's Kloof wäre einfach zu perfekt …«

Seit ich die kleine *cabin* gefunden habe, die laut dem Geotag auf Instagram im Mount Bain Nature Reserve liegt, scrollen wir uns immer wieder durch die verschiedenen Anbieter und suchen nach Häusern und Farmen in der Region – erfolglos. Die letzten freien *plots* wurden vor ein paar Jahren verkauft, wer jetzt noch nach einem Stück Land sucht, wird darauf hoffen müssen, dass jemand sein eigenes verkauft. Aber das ist reines Glücksspiel.

Chris und ich durchkämmen täglich das Internet, auf der Suche nach einem *hidden gem,* aber auch weil es uns Spaß macht, gemeinsam ins Nichts zu träumen, weil es uns von der Realität ablenkt, in der wir nicht wissen, wann genau wir uns eigentlich wiedersehen.

»Würden wir ein *plot* in Mount Bain finden, ganz ehrlich, ich würde zugreifen. Ohne zu zögern …«, sage ich.

»Wirklich?«

»Ja, ich würde in eine eigene *cabin* investieren, vielleicht ein bisschen größer als das Bootshaus, mit einer riesigen Fensterfront und Terrasse mit Blick auf die Berge …«

»Meinst du wirklich-wirklich? Oder wenn-wir-uns-zwanzig-Kilometer-Strand-leisten-könnten-wirklich?«

»Was meinst du …?«, will ich fragen, aber stoppe meine Worte, als ein Link auf dem Desktop aufploppt, den Chris mir gerade geschickt hat. Ich klicke ihn an. »Ist das …«

»Bain's Kloof.«

»Aber wie …?«

Vor mir liegen 2,4 virtuelle Hektar Land, mitten im Mount Bain Nature Reserve. Das Inserat ist seit gerade mal ein paar Minuten online.

»Das gibt es doch nicht«, sage ich.

»What are the chances, right?!« Ich spüre, wie ich Chris mit meiner Euphorie anstecke.

»Wie – wie kann das sein? Wie kann das sein, dass ich vor einer Woche zufällig diese *cabin* entdeckt habe, dass sie auch noch in Südafrika liegt, so nahe an Kapstadt, dass wir seitdem darüber sprechen, ich täglich wieder auf den Postings und Bildern hängen bleibe und – jetzt in diesem Moment dieses Inserat aufploppt? Das – das ist so surreal. Ich kann das gar nicht glauben. So was passiert doch nicht einfach.« Ich spüre ein Kribbeln in mir aufsteigen, spüre, wie mein Herzschlag schneller kickt, tickt, wie das Puzzleteil klickt, wie mein Innerstes von mir verlangt, zusammen mit meinen Gedanken aufzuspringen und loszulaufen, sie bloß nicht entkommen zu lassen.

»Soll ich die Maklerin anrufen?«, fragt Chris mich, und ich nicke.

»Ruf sie an.«

Es ist ein Gefühl, ein innerer Kompass, der ausschlägt, den ich niemals wieder ignorieren würde.

Ich weiß in dieser Sekunde, dass dies nicht nur der Moment ist, die Hacken zusammenzuschlagen, sondern sie einzugraben.

`Nicht einfach finden, erschaffen.`

Besichtigt

Die Motorhaube hebt und senkt sich rüttelnd, in unstetigem Tempo werden wir nach links und rechts geworfen, Chris entschuldigt sich, während er den Bakkie in die nächste Kurve manövriert, Nelia antwortet ihm, aber die Verbindung ist zu schlecht, als dass ich sie verstehen könnte, immer wieder bleibt das Bild stehen, stabilisiert sich für ein paar Sekunden, bevor es in die nächste Szene springt.

»Hörst du mich?«, fragt Chris, der die Kamera jetzt umgedreht hat und dessen Umrisse sich vor mir aufbauen. Ich hebe zur Bestätigung beide Daumen. »Okay, gut, wir sind da«, sagt er und bewegt sich stockend aus dem Auto, bevor der Anruf abgebrochen wird.

***

Ich wollte eigentlich niemals ein Haus bauen. Ich meine, ich hatte auch nicht unbedingt kommen sehen, dass ich irgendwann mal in Südafrika landen, mich in das Land, in das Leben hier zwischen Westküste und Bushveld verlieben würde – es aber zumindest für wahrscheinlicher gehalten.

Aber eine Wohnung zu kaufen oder ein Haus zu bauen – für mich hatte sich dieser Plan meistens angefühlt wie die ultimative Entscheidung über die eigene Zukunft, vielleicht sogar wie eine Fessel. Wer ein Haus baute – zumindest war das zu diesem Zeitpunkt mein Gefühl –, der legte sich fest, der verwurzelte sich, der war sich sicher, wo er für die nächsten zehn oder sogar zwanzig Jahre leben und für was er verantwortlich sein wollte.

Wer baute, der ließ sich nieder, der wollte bleiben, ankommen, nicht mehr weiterziehen, der fühlte sich wohl in Beständigkeit und Routinen und hatte entschieden, diese mit eigenem Grund und Boden noch einmal deutlich zu unterschreiben, war sozusagen ultimativ domestiziert. In den letzten Jahren hatte ich meinen Besitz und Haushalt immer wieder reduziert und hier in Südafrika ausschließlich möbliert gelebt, zum einen weil es keinen Sinn machte, ohne festen Visumsanspruch in eine Einrichtung zu investieren oder die Miete das ganze Jahr über doppelt zu bezahlen, zum anderen weil es sich gut anfühlte, mit nur zwei Koffern ein- und wieder auszuziehen. Ich konnte jederzeit meine Unterkunft wechseln, die Stadt, das Land. Jeder Job, jede neue Reise oder eben auch eine Heimkehr auf Zeit – das alles war nie mehr als zehn oder zwölf Stunden Flugzeit entfernt.

Bis die Pandemie uns einholte, verlangsamte und für eine Weile sogar zum Stillstand brachte, war kaum ein Ort auf der Welt mehr als einen Tag von mir entfernt gewesen.

Ich hatte nicht vor, in dem Haus, der *cabin*, dem Bungalow oder was auch immer ich in Südafrika vielleicht verwirklichen würde, zu leben. Ich hatte nicht vor, in ein Naturreservat zu ziehen, ich plante kein Eigenheim und vielleicht reichte allein das schon, um die größten Blockaden in meinem Kopf zu zersetzen. Ich wollte nicht einfach nur besitzen, ich wollte kein Stück Land abgrenzen, bebauen und schließlich umzäunen, ich wollte es teilen, wollte ein Teil von ihm werden, wollte lernen, seine Sprache zu sprechen, um sie übersetzen zu können, in Farben, Formen, in Materialien, später dann in eine Konstruktion, einen Grundriss, einen Ausblick und ganz zum Schluss: in ein Gefühl.

Wenn ich ehrlich war: Seit ich den Gedanken zum ersten Mal auch nur zugelassen hatte, mich nicht nur in viele kurzlebige Projekte zu stürzen, sondern mich auf etwas einzulassen, das ich nicht nur Seite für Seite, Bild für Bild erschaffen, sondern über Monate, vielleicht sogar Jahre wachsen sehen würde, ließ er mich nicht mehr los.

Als Chris mir gestern Abend den Besichtigungstermin bestätigt hatte, war die Aufregung, die ich seit drei Tagen fühlte, zu einer riesigen Vorfreude gewachsen. Ein kleiner Teil von mir konnte noch immer nicht fassen, was hier plötzlich innerhalb so kurzer Zeit passierte, aber ein viel größerer konnte es kaum abwarten, dieses Stück Land und damit die Chance zu sehen, die ich mir längst fest in den Kopf gesetzt hatte.

***

Dreimal hatte ich versucht, Chris zurückzurufen, bis ich akzeptierte, dass die Verbindung zu schwach war, um Bilder und Daten zwischen Eimsbüttel und Bain's Kloof über eine Strecke von ungefähr 9.500 Kilometer auszutauschen.

»Ich ruf dich an, sobald ich wieder auf der Teestraße bin«, hatte Chris mir vor einer halben Stunde geschrieben. Seitdem wartete ich, machte mir einen Kaffee, dann noch einen, trank ihn im Stehen, an die Ablage meiner kleinen Küche gelehnt. Nelia, so hieß die Maklerin, die sich um das Gebiet Bain's Kloof kümmerte, hatte Chris binnen kürzester Zeit zurückgerufen und sofort einige freie Termine für eine Begehung des Grundstücks angeboten. Spätestens als sie uns dann per Mail noch mehr Informationen zuschickte und außerdem unterstrich, dass der jetzige Besitzer vor allem an einem *cash offer* interessiert war, sickerte bei uns das Gefühl durch, dass das *plot* dazu bestimmt war, zügig durch den Verkauf zu gehen.

Das Stück Land war nie bebaut worden, lag unberührt und nur durch einen Sandpfad erreichbar am Ende des Reservats. Während gerade in der Nähe des Eingangstors bereits einige *cabins* ihren

Platz am Breede River gefunden hatten, blieb das entferntere, weitaus felsigere Gebiet größtenteils unerschlossen. Zwar konnte man auf einem der höheren Punkte des Grundstücks weit in das Breede-Tal sehen, war dabei aber einige Kilometer von der Zivilisation entfernt. Laut der Karte, die wir immer wieder virtuell abgelaufen waren, würde ein Spaziergang vom *gate* bis zum Grundstück ungefähr dreißig Minuten dauern, mit dem Auto war man vermutlich nur wenig schneller, denn auf dem unbefestigten Untergrund fuhr man am besten Schrittgeschwindigkeit.

Ich lasse meinen Gedanken los, als sich das Handy vibrierend über die Holzplatte meiner Arbeitsfläche schiebt. Chris hat mir ein Foto gesendet. Als ich es öffne, fällt mein Blick zuerst auf das Panorama der Ceres-Berge, das in der Mittagssonne förmlich aufleuchtet. Ein Proteawald streckt sich über die hinteren Ebenen des Grundstücks, umsäumt das Gestein und blendet sich dann in den Fynbos, dessen dichter Wuchs nur von dem Pfad unterbrochen wird, über den Chris sich Stück für Stück vorgearbeitet hat. Die Grün- und Orangetöne der Büsche und Gräser verbinden sich mühelos mit dem rostroten Mineralboden und dem Quarzsandstein, den man im Western Cape so häufig findet.

Ich zoome mit zwei Fingern so weit heraus, wie die Aufnahme es mir möglich macht, und lasse die Perspektive auf mich wirken. Ich kann sie gerade nur mit einem einzigen Sinn wahrnehmen und dennoch glaube ich, sie förmlich spüren zu können, die Ruhe, die Stille, die in diesem Stück Natur zu stecken scheint. Sie fühlt sich beinahe greifbar an.

Die Sache ist nur: Je klarer sie mir wird, desto unsicherer werde ich.

Bis eben haben sich die Ereignisse beinahe ein wenig überschlagen. Jetzt breiten sie sich vor mir aus, lassen mich einen langen Blick auf das werfen, was ich mir ausgemalt habe. Es ist, als würde ein Traum auf einmal stillstehen, als könntest du deine Hand nach ihm ausstrecken. Ein Teil von mir hat Angst, dass er zerplatzen wird, sobald ich ihn berühre.

***

»Und, was sagst du?«, sind Chris' erste Worte. Ich höre das Surren seines Motors im Hintergrund, über das Mikro seiner Freisprechanlage ist er nur schwer zu verstehen.

»Was sagt *du?*«, gebe ich zurück. »Du hast mit beiden Beinen auf dem Stück Land gestanden. Also, wie war es wirklich?«

»Die Wahrheit? Es ist nicht wie auf den Bildern, die ich dir geschickt habe.«

»Okay, das heißt?«, frage ich.

Er wartet einen Moment ab, scheint die Ungeduld in meiner Stimme fast ein bisschen auszukosten. »Es ist in echt noch viel schöner, es sieht noch viel unberührter aus. Ich würde sogar sagen: Es ist ein perfektes kleines Stück Welt.«

»Wirklich?«

»Ja, wirklich.«

»Also – soll ich es nehmen?«, frage ich und beiße mir auf die Unterlippe.

»Das kann ich dir nicht beantworten. Das musst du selbst entscheiden.«

»Kannst du mir zumindest einen Hinweis geben?«

»Hm«, macht er und lässt mich für ein paar Sekunden mit den Störgeräuschen allein. »Ich kann dir nicht sagen, was ich an deiner Stelle tun würde. Du musst die Antwort darauf wissen, ob du dir ein Stück Land in Südafrika kaufen willst. Und ob du dieses hier willst. Aber als jemand, der schon viele dieser kleinen Naturreservate im Western Cape gesehen hat, als jemand, der Berge und Fynbos und *dirt roads* liebt – es ist eines der schönsten *plots,* die ich je gesehen habe.«

***

»Nelia erwartet deinen Rückruf am Montag«, sagt er noch, bevor wir uns verabschieden. »Sie zeigt das Land morgen noch einem anderen Interessenten, aber gibt dir natürlich trotzdem 48 Stunden Bedenkzeit, um ein Angebot zu machen.«

Seit wir aufgelegt haben, liege ich flach auf meinem Bett, meine nackten Beine habe ich überkreuzt, wärme sie in der Sonne auf, die über meinen Balkon ins Zimmer scheint. Während mein Handy neben mir schweigt, als würde es darauf warten, dass ich es wieder in die Hand nehme, harre ich zwischen meinen kreisenden Gedanken aus. Bedenkzeit. Allein das Wort verlangt schon, dass man an einem Schreibtisch sitzt oder zumindest aufrecht, während man sie sich nimmt. Dass man eine Finanzkalkulation öffnet, dass man den Grundriss noch einmal diskutiert, die Eindrücke der Besichtigung sacken lässt. Dass man statt eines zu großen Hemdes, das ich auch noch schief geknöpft habe, ein sauberes und koordiniertes Outfit trägt. Oder zumindest Schuhe?

Die Wahrheit ist: Ich muss keine Finanzkalkulation öffnen (ich kenne die finanziellen Fakten für so ein Projekt längst), ich habe das Geld für so ein Grundstück nicht herumliegen, aber ich weiß, woher ich es bekommen kann. Ich brauche keinen Grundriss, ich interessiere mich nicht für Quadratmeterzahlen, ich kenne die Fakten, ich kenne das Risiko. Ich atme tief ein, stoße dann die Luft wieder aus und reibe mir über das Gesicht. Ich werde die Antwort auf meine einzige Frage nicht an einem Schreibtisch finden.

Woher weiß ich, dass ich diesen Traum nicht nur berühren, nicht nur kurz spüren – sondern wirklich greifen will? Woher weiß ich, dass er der richtige ist?

Ich schließe für eine Weile meine Augen, verlangsame meinen Atem zu einem bewussten Rhythmus, lege meine Handflächen auf mein Brustbein, spüre mich in das Heben und Senken hinein, in meinen Herzschlag, in die Wärme meiner Haut, in mich selbst.

Welche Bilder zeichnen sich vor meinen Augen ab, wenn ich meine Gedanken öffne, wenn ich sie kommen und gehen lasse? Kann ich mir vorstellen, wie die Bergkette sich färben wird, wenn die Sonne aufgeht, wie ich währenddessen auf dem Deck einen Kaffee trinke? Wie ich in der Außendusche stehe und das heiße Wasser auf meine Haut prasseln lasse, noch bevor die Welt um mich herum ganz wach ist? Kann ich mich mit einem Buch in einem der großen Fenster sitzen sehen, während neben mir der Tag verschmilzt? Kann ich den Wind spüren, der abends über die Kuppe klettern und die Sommerhitze um ein paar Grad senken wird? Kann ich den Fynbos riechen, dessen charismatischer Duft sich freisetzt, wenn ich ihn zwischen meinen Handflächen zerreibe? Kann ich den Gin Tonic auf meiner Zunge schmecken, den ich unter dem offenen Sternenhimmel trinken werde, während drei Scheite Sekelbos in der Feuerschale knistern?

Ich richte mich auf, ziehe meine nackten Füße in den Schneidersitz und tippe den Namen der Maklerin in das Kontaktfeld.

»`Hi Nelia`«, schreibe ich. »`Ich würde dem Verkäufer gern ein Angebot für Farm 28 machen.`«

Aber warum Südafrika?

Es ist für mich einer der schönsten Orte Hamburgs: ein weiter Blick über die Dächer Eimsbüttels, ein großer Tisch, ein paar Freunde darum und außerdem immer wieder ein paar neue Gesichter und ihre Geschichten.

Ein paarmal pro Sommer lädt Nils uns auf sein Dach ein, wir grillen, lassen die Sonne langsam untergehen und stolpern nicht selten erst im Morgengrauen nach Hause. Hier gemeinsam bei einer Flasche Rotwein doch noch zu versacken, obwohl du eigentlich gerade gehen wolltest, ist keine Seltenheit.

Während wir Gläser füllen, Schüsseln herumreichen, Dips und Brot und Grillgut genießen, erzählen wir uns voneinander. Es ist das erste Mal seit dem Beginn der Pandemie vor sechs Monaten, dass wir uns sehen, die Chance haben, unter freiem Himmel zusammenzusitzen und uns wiederzufinden. Ira hat einen neuen Job angefangen, Nils und Carla sind dabei, ein Haus zu kaufen, ein befreundetes Paar geht gerade durch eine schwierige Trennung, und schließlich erzählt Janni, der sich mir gerade erst vorgestellt hat, von seiner Arbeit als freischaffender Künstler. Er ist Bildhauer, Maler, manchmal Möbeldesigner, manchmal aber auch einfach nur »der Typ, dessen einziges Licht noch im Wohnhaus brennt, wenn alle anderen schon schlafen, und der so lang zu seiner eigenen Komposition spricht, bis sie ihm antwortet«.

Ich mag Janni auf Anhieb, nicht nur für diesen einen Satz, in dem ich mich so leicht wiederfinde, sondern generell für seine ungezwungene Art, von sich zu erzählen und mich dabei zu einem Teil der Unterhaltung zu machen. Es gibt Menschen, die in einer Unterhaltung vor allem Frage um Frage stellen, vielleicht um dich besser kennenzulernen, vielleicht manchmal aber auch, um selbst nicht zu viel sagen zu müssen. Es gibt andere, die ungefragt die ganze Zeit von sich sprechen, die ein Abendessen mit einer Pitch-Option verwechseln oder die gemeinsame Zeit mit Freunden und deren Freunden schlicht *Networking* nennen. Es gibt passive Tischnachbar*innen, die sich an ihren Bildschirm heften, es gibt jene, die sich am wohlsten fühlen, wenn sie in die Unterhaltung einer Gruppe eintauchen können, und dann auch immer mal wieder solche, die schon *so viel von dir gehört haben* und es sich jetzt zur Agenda machen, diesen ersten Eindruck entweder zu bestätigen oder zu widerlegen.

Und dann gibt es die, mit denen es klickt, die dir Wein nachschenken, mit denen du eine gute Zeit hast, die dich ein Stück in ihrer Geschichte mitnehmen, bis sie mehr über deine hören wollen.

Irgendwann fragt Janni: »Okay, du schreibst also Bücher, du nimmst Podcasts auf, du schreibst Artikel über Reisen – wohin geht denn die nächste?«

***

Wenn du an einem Dinnertable erzählst, dass du in Südafrika leben möchtest oder vorhast, dorthin auszuwandern, ist beinahe ausschließlich und immer die erste Reaktion darauf: »Aber ist das nicht gefährlich?« Dicht gefolgt von: »Aber was macht man denn da, wenn man nicht für eine internationale Produktion oder einfach als Tourist da ist? Entwicklungsarbeit? Was mit dem Roten Kreuz?«

Gerade deswegen fühlt sich Jannis Reaktion wie eine angenehme Abwechslung an:

»Spannend, aber warum gerade Südafrika? Warum Kapstadt?«

»Am Anfang war es nur ein *crush*«, beginne ich und erzähle ihm die Geschichte von meiner ersten Anreise und diesem Gefühl, das Kapstadt mir vom ersten Moment an und seitdem immer wieder gegeben hat. »Ich schob es zuerst noch auf die Sonne, auf die Euphorie, dem Winter in Deutschland für eine Woche entfliehen zu dürfen. Das allein pusht so ein vom Februar verbrauchtes Wohlbefinden ja schon ungemein, egal wo man ist«, sage ich, und Janni nickt.

»Ich nenne sie die verlorenen Monate«, wirft er ein. »Januar und Februar. Sie sind grau, sie sind ohne große Highlights, und am liebsten würde man sie einfach nur verschlafen, um dann auf der anderen Seite des Tunnels wieder Licht zu sehen.«

»Genau! Und auf einmal tat sich da für mich ein anderer Gedanke auf: Was, wenn ich den Winter nicht einfach überspringen, sondern an einem anderen Ort der Welt ganz neu auskosten könnte? Ich hatte nach nur zwei Wochen in Kapstadt auf einmal eine ganz neue Quelle für Glücksgefühle gefunden. Ich meine, klar, die wurden nicht zuletzt auch durch den Geruch von Sonnencreme und das eisgekühlte Glas Wein, das man sich dort unter freiem Himmel so gern gönnt, befeuert und gesteigert. Aber als ich dann am letzten Abend ganz allein am Ozean entlanglief und auf die gefärbte Luft und die schäumenden Wellen schaute, hab ich begriffen, wie viel mir dieser Ort auf einmal bedeutete. Dass ein Teil von mir zurückgekommen oder zumindest sehnsüchtig nach Kapstadt gewesen war – ohne je dort gewesen zu sein.«

Bevor Janni mich unterbrechen kann, hebe ich beschwichtigend die Hände, denn ich habe seinen Blick längst aufgefangen.

»Und ja, natürlich klingt das absurd und verklärt, und vermutlich würde ich mit den Augen rollen, wäre das hier nicht meine Geschichte, sondern die einer anderen Person. Aber *genau so* kam das, mit mir und Kapstadt. Das war einfach nur Verlieben – ohne es geplant zu haben.«

»Hm«, macht Janni. »Aber nur weil du dich verknallt hast, ziehst du ja nicht direkt auf einen anderen Kontinent. Nicht für einen Typen, nicht für eine Stadt. Das nehme ich dir nicht ab.

Das macht man vielleicht mit 19, wenn man nicht mehr als einen Rucksack besitzt und außerdem weiß, dass man jederzeit die eigenen Eltern um ein Rückflugticket bitten kann …«

»Oder wenn dich sonst nichts mehr hält?« Ich zucke mit den Schultern und greife nach meinem Glas.

»Ja, aber ist das so? Hält dich hier wirklich nichts? Verzeih mir die Frage, aber ist Kapstadt jetzt dein Crush oder dein Rebound?«

»Kapstadt war mein Flirt, Kapstadt war die letzten fünf Jahre der Typ, den ich nie ganz haben kann, aber den ich auch einfach nicht vergessen kann. Diese ganze Stadt ist geprägt vom Kommen und Gehen, vom Wiedersehen und vom Neuerfinden. Es gibt wenige, die sich nicht in die Inspiration dieses Ortes verlieben, der immer in Bewegung ist, der sich ständig herausfordert und wandelt, ohne dass er dabei zu leben vergisst. Aber Südafrika? Ist mehr als nur diese eine Stadt, mehr als nur der Sandstrand von Clifton oder die Sonnenuntergänge über Sea Point, mehr als nur die Weinländer und das Western Cape. Das ganze Land, seine wildesten Teile, genauso wie die stillsten, die ich nach und nach kennenlernen durfte, seine Menschen, ihre unbändige Stärke, ihre Hoffnung – das ist die eigentliche Liebe. Das geht tief genug, um wirklich bleiben zu wollen.«

Janni grinst. »Okay, keine weiteren Fragen, dich hat's erwischt.« Dann zögert er. »Obwohl, eine noch. Hast du keine Angst?«

»Du meinst wegen der Kriminalitätsrate?« Jetzt also doch.

»Nein, ich meine: Hast du keine Angst, dich einfach so für irgendeinen neuen Ort auf der Welt zu entscheiden?«

»Was meinst du?«

»Na ja, nimm mich. Ich bin zumindest irgendwie in der Nähe von Hamburg geboren, nach dem Abi war die Entscheidung, Kunst in Hamburg zu studieren, die leichteste. Ich kenne und liebe die Stadt, seit ich ein Teenager bin, und habe mir auf jeder Regiofahrt zurück nach Bad Bederkesa ausgemalt, wie es sein würde, wenn ich irgendwann auf der Schanze leben, in eine WG ziehen, mein Wochenende auf dem Kiez verleben würde. Du weißt schon, solche Spinnereien eben. Aber es war nicht vollkommen ungreifbar, es war nicht unerreichbar oder total unbekannt, es lag irgendwie nah. Und auch wenn wir älter werden, sind die Entscheidungen, die wir darüber treffen, wo wir leben oder arbeiten oder bleiben wollen, ja meistens naheliegende.« Er zeigt auf unseren Tisch. »Wenn du hier in die Runde fragen würdest: ›Und warum Hamburg?‹, dann würden einige genau das Gleiche wie ich eben antworten: ›Weil ich hier verwurzelt bin‹ oder ›Weil ich hier studiert habe und mich wohlfühle, weil ich direkt einen guten Job gefunden habe‹. Und selbst wenn man aus München oder Berlin oder meinetwegen auch Erfurt hergezogen ist, dann doch bestimmt, weil die Jobaussichten passen, weil man die Alster und die Elbe so gern mag oder einfach weil Hamburg als Stadt innerhalb Deutschlands am lebenswertesten scheint. Und genau das ist der Punkt: *innerhalb Deutschlands*. Ich glaube, es ist fair zu sagen, dass die meisten von uns, auch wenn sie in eine neue Stadt gehen und einen neuen Anfang wagen oder danach suchen, trotzdem keine vollkommen freie Entscheidung treffen, sondern sich die schönste Option aus dem sicheren Filter auswählen. Das liegt in unserer Natur. Wir lieben es, Inspiration an verschiedenen Orten zu finden, wir lieben es, neue Orte zu entdecken – solang wir an die alten zurückkehren können. Wir mögen das Unbekannte, solang es trotzdem halbwegs gut erreichbar und auch wieder umkehrbar erscheint.«

»Ich weiß, was du meinst«, antworte ich. »Manchmal finden Leute es geradezu komisch, dass mir die Möglichkeiten hier innerhalb Deutschlands nicht auszureichen scheinen. ›Aber Hamburg ist doch auch schön?‹, höre ich immer wieder. Oder eben München oder Stuttgart. Und ich weiß dann manchmal nicht, ob ich mich jetzt erklären oder entschuldigen soll, dafür, dass ich Hamburg natürlich liebe – aber einen anderen Ort dann vielleicht doch mehr. Es geht dabei ja nicht um einen Wettkampf, um generell *besser oder schlechter* …«

Auf einmal muss ich an Andre denken, die On-off-Geschichte meiner Freundin Julie, mit dem ich im letzten Frühling ein paar Abende verbrachte. Ich war damals gerade wieder einmal aus Kapstadt zurückgekehrt, nicht nur mit 23 Kilo Aufgabegepäck, sondern einem ganzen Rucksack emotionalem Ballast. Ich hatte einen Mann getroffen, ich hatte mich in ihn verliebt, aber mit dem Ende meiner neunzig Tage in Südafrika kam auch unseres. Bei unserem letzten Date hatte er mir fast schon nebenbei eröffnet, dass mein Abflug auch einen natürlichen Schluss für uns bedeuten würde, aber dass er sich natürlich dennoch darauf freue, wenn wir uns vielleicht in ein paar Monaten wiedersehen würden, als *Freunde*. Später würde sich herausstellen, dass die eigentliche Rückkehr, auf die er hoffte und wartete, die seiner Ex-Freundin war. So oder so – mein Herz tat mir weh.

Andre versuchte damals, es positiv zu sehen: »Das wäre doch aber sowieso zum Scheitern verurteilt gewesen. Fernbeziehungen sind kompliziert und nur die wenigsten halten. Es ist doch viel schöner, wenn man seinen Seelenverwandten jederzeit sehen kann, wenn du abends nach der Arbeit noch mit dem Fahrrad vorbeiradeln kannst.«

»A-ha«, machte ich und fragte mich innerlich, ob es das war, was Julie und ihn immer wieder zusammenführte, die fußläufige Erreichbarkeit.

»Jetzt hast du die Chance, hier in Hamburg den Richtigen zu finden und wieder ein bisschen mehr im Leben anzukommen. Du warst in letzter Zeit so viel unterwegs, dass ein Mann ja gar keine Möglichkeit hatte, dich irgendwie zu erden. Und ich kann mir schon vorstellen, dass es das ist, was dir eigentlich fehlt, einen Alltag haben und eine solide Routine.«

»... und einen Partner, der sie im gleichen Stadtteil mit mir teilen will«, vervollständigte ich seine Ausführungen. Andre nickte begeistert, meinen Unterton schien er vollkommen überhört zu haben.

»Ganz genau! Ich glaube wirklich, wenn du wieder ein bisschen im echten Leben hier ankommst, steht Mr. Right einfach so vor deiner Tür.«

Janni schlägt sich lachend die Hand vors Gesicht, als ich ihm diese Geschichte erzähle.

»Weißt du, was ich irgendwie fast schon absurd finde?«, frage ich ihn. »Auf der Liste unseres Lebens steht beinahe bei jedem Zweiten ganz oben: herausfinden, wer ich sein will, herausfinden, wen ich lieben will, nichts verpassen, alles sehen, alles erleben, am Ende wie von Zauberhand genau im richtigen Moment stehen bleiben und endlich vollkommen glücklich sein. Aber wenn es an den Aufwand geht, vielleicht auch die Opfer oder Verzichte, die wir dafür erbringen müssen, schrecken wir zurück. Allein in der Liebe. Wir sind mehr als sieben Milliarden Menschen auf der Erde, verteilt auf mehr als 190 Länder. Das heißt erst einmal: Wer soll sich da schon entscheiden können? Woher soll man wissen, wen man liebt, wenn man Liebe überall finden kann, richtig? Aber wenn es dann irgendwann ans Entscheiden geht, glaubt auf einmal jeder, seinen Seelenverwandten bequem und unkompliziert im Radius von fünf bis fünfzehn Kilometern antreffen zu können? Das macht keinen Sinn.«

»Macht es wirklich nicht«, antwortet Janni und überlegt dann: »Also heißt das, man sollte lieber nicht an Seelenverwandte glauben? Ich meine, wir können uns ja nicht alle über die Kontinente zerstreuen.«

»Vielleicht.« Ich stütze meinen Kopf auf meine Handfläche und sehe Janni an. »Vielleicht ist es aber auch so, dass es nicht nur einen, sondern eine ganze Handvoll Menschen dort draußen gibt, die du lieben kannst, die dich lieben können, aber dass es dennoch

Mut braucht, ihnen zu begegnen. Und ich glaube, so ist das auch mit Orten. Nur weil ich hier in Deutschland geboren bin, muss ich hier nicht automatisch richtig sein. Ich hatte immer das Gefühl, es zieht mich *irgendwo anders* hin – und es fühlt sich gerade wahnsinnig gut an herauszufinden, dass dieses *irgendwo anders* Südafrika sein könnte. Sich nicht instinktiv dagegen zu wehren, wenn uns etwas anzieht, wenn unsere innere Stimme uns in eine bestimmte Richtung leiten will, ist für mich vielleicht einer der vielen Schlüssel zu diesem Glück, nach dem wir so sehnsüchtig sind.«

»Bleibt trotzdem noch die Angst. Die davor zu scheitern, Freunde zu verlieren oder Beziehungen aufzugeben, zu sehr zu vermissen, was man dann nicht mehr hat. Die davor, sich falsch zu entscheiden oder sich zu verlaufen, wenn man erst einmal mitten ins Unbekannte eintaucht …«

»Ich glaube ehrlich gesagt, dass du dich auch zwischen Eimsbüttel und Hoheluft verlaufen kannst. Ich glaube, dass du dich auch an deinem eigenen Schreibtisch oder in deinem eigenen Bett falsch entscheiden kannst. Und dass es immer etwas gibt, das du vermissen wirst. Entweder das, was du niemals hattest, oder das, was du gerade nicht mehr haben kannst. Angst ist immer da und niemals ein guter Berater.«

»Wie bist du sie denn dann losgeworden?«

»Gar nicht, ich habe weiterhin Angst. Vor all dem, was du da gerade aufgezählt hast. Aber ich habe mich irgendwann gefragt: Wenn ich das Vermissen und die Angst abziehe, sie einfach ignoriere – wo will ich dann sein? Wo bin ich am glücklichsten, selbst an einem schlechten Tag? Und die Antwort lautet: Südafrika.«

Für immer einen Teil von uns zu vermissen, der gerade Hunderte, manchmal Tausende Kilometer von uns entfernt liegt, ist der Preis, den wir dafür zahlen, an mehr als nur einem Ort dieser Welt zu Hause zu sein. Und gleichzeitig ist es die Chance, in die eine Familie geboren zu werden und uns die andere aussuchen zu können. An mehr als nur einen Ort dieser Welt zu gehören und uns trotzdem frei zu fühlen.

Ich fand diesen Preis nie zu hoch.

Mit beiden Beinen

Ich glaube, ich habe das irgendwo schon einmal geschrieben: Ich liebe Langstreckenflüge.

Ich liebe den Nachtflug nach Kapstadt, liebe es, mir ein paar Filme herauszusuchen, mich auf zwei Gläser Rotwein zu freuen, schließlich meinen Kopf mitsamt Kissen darunter an die Flugzeugwand zu lehnen (ich bin der Typ Mensch, der bis Mitternacht mit dem Check-in wartet und sich den Fensterplatz sichert, aus genau diesem Grund!). Danach dämmere ich mit dem Gedanken weg, dass ich in weniger als sechs Stunden den Sonnenaufgang über den Wolken erleben, noch einen letzten Kaffee an Bord trinken und schließlich in Südafrika landen werde. Du machst die Augen zu – und wenn du sie wieder öffnest, bist du in einer ganz anderen Welt. Egal wie oft ich über den Äquator oder die Ozeane reise, das Fliegen verliert für mich nie seinen Zauber.

Heute spüre ich ihn umso stärker – vielleicht weil der Abflug nicht vollkommen selbstverständlich passiert, vielleicht weil ich statt mit meiner Bordkarte und ein paar Snacks in der Hand mit einem großen Hefter, Nachweisen und Formularen in der Schlange stehe, weil noch so viel passieren könnte, bis die schwarze Stempelfarbe nach der Landung auf dem salbeigrünen Papier meines Passes trocknet. Seit 72 Stunden sind die Grenzen Südafrikas wieder teilweise offen, einreisen darf, wer entweder eine dauerhafte Aufenthaltsgenehmigung hat, einen Job antritt oder eine Form von Immobilie besitzt. Wenn zumindest eine dieser Bestimmungen zutrifft, darf man beim zuständigen Ministerium eine formelle Einladung beantragen, die als Passierschein fungiert. Nur wer diese Einladung am Gate in Frankfurt vorzeigen kann, wird heute Abend mit der

Lufthansa starten. Es sind die ersten vorsichtigen Versuche nach einem sechsmonatigen internationalen Lockdown, langsam wieder ein Stück Freiheit in das Leben der Menschen zu bringen, die durch diese Pandemie getrennt, festgesetzt, eingeschlossen oder sogar gelähmt worden sind.

Unter den wartenden Passagier*innen mischt sich Vorfreude mit Nervosität. Nicht einmal ich kann mich davon ausnehmen, obwohl ich normalerweise zu den routinierten Reisenden gehöre. Oder sagen wir: zu denen, die ihren Anschluss, Umstieg oder Abflug immer irgendwie geschafft haben. Ich bin schon in Mexiko-Stadt in Begleitung vom Servicepersonal als einzelne Passagierin über das Rollfeld gerannt, habe mich mit Übergepäck durch die Medina von Marrakesch geschlagen, um ein Taxi zum Airport aufzutreiben, nachdem unseres im malerischen Sonnenuntergang liegen geblieben war. In der Türkei habe ich sogar einmal um meinen Pass gefürchtet (es gab Unstimmigkeiten über meinen Beruf als Reisejournalistin, die nach Mitternacht auf einem Provinzflughafen eskalierten).

Aus jeder dieser und noch aus unzähligen anderen Situationen habe ich es heil heraus und gerade noch pünktlich in ein Flugzeug hineingeschafft. Jede dieser Erfahrungen hat mir ein bisschen mehr Selbstvertrauen gegeben, wenn es um die unvorhersehbaren Variablen geht, die das Reisen oftmals mit sich bringt. Aber das hier ist anders – diese Pandemie ist für jeden von uns Neuland, das sich stündlich in eine andere Richtung bewegen und damit eine Kettenreaktion auslösen kann.

Am Vorabend war eine Maschine gestartet, die schließlich mit mehr als zwanzig Gästen an Bord wieder umkehren musste. Die Papiere der Passagier*innen waren unzureichend gewesen, die südafrikanischen Behörden hatten sie abgewiesen. Wir hatten davon gehört, und auch das Bodenpersonal hier am Gate war noch einmal schärfer gebrieft worden. Fehlte auch nur ein Datum auf einem der Formulare, verweigerte man dem Gast sofort das Boarding.

Zu Beginn des Jahres war es möglich, mit nichts als dem eigenen Pass und der Kreditkarte in der Hand am Flughafen ein Ticket nach Südafrika zu buchen und noch in der gleichen Stunde abzufliegen. Jetzt, im Oktober 2020, ist das vollkommen undenkbar. Zwei Tage lang habe ich in der Warteschleife des Ministeriums für Tourismus in Pretoria gehangen, wie wahrscheinlich Hunderte andere Reisende unzählige Mails verschickt, auf einem gepackten Koffer gesessen und dennoch nicht gewusst, ob ich die fehlenden Dokumente rechtzeitig bekommen würde, um meinen Flug wahrzunehmen, bevor sich die Grenzen wieder schließen oder die Bestimmungen noch einmal verändern könnten. Als ich im Taxi zum Flughafen saß, fehlte mir noch immer das bestätigte Einladungsschreiben. Erst während ich mich bereits in die Schlange für die Gepäckausgabe einreihe, landet die erlösende E-Mail in meinem Postfach, die ich schließlich auf dem Weg zum Gate in einem Lottoladen ausdrucke (ich bin immer wieder so dankbar für die Existenz dieser veralteten, unsagbar schweren Kopiermaschinen, die mir bestimmt nicht zum letzten Mal einen guten Dienst auf den letzten Metern getan haben).

Ich gehöre zu den ersten Passagier*innen, die in den Airbus A340 steigen. Sechs Monate habe ich auf diesen *walking down the aisle*-Moment gewartet. Ich verstaue mein Handgepäck über meinem Kopf und schnalle mich an. Als die Crew schließlich die Türen mit einem »boarding completed« schließt und der Kapitän uns darüber informiert, dass wir eine der größten Hürden erfolgreich genommen haben und er uns mit einer Flugzeit von zehn Stunden und vierzig Minuten sicher nach Kapstadt bringen wird, lehne ich mich in meinem Sitz zurück und atme tief ein und aus. Neben mir umarmt sich ein älteres Ehepaar. Beide haben Tränen in den Augen, streichen sich über die Schultern und geben sich gegenseitig einen festen Kuss. Als sie meinen Blick auffangen, lächeln sie mir zu und erzählen, dass sie morgen zum ersten Mal ihr Enkelkind sehen werden, das ihre Tochter vor drei Monaten auf die Welt gebracht hat. Monatelang haben die beiden ausgeharrt, um endlich zurück nach Südafrika reisen zu dürfen und wieder in ihr Haus zurückkehren zu können, das sie vor über 15 Jahren in der Nähe von Scarborough gebaut haben.

»Wissen Sie«, sagt der Mann zu mir, der sich als Franco vorstellt, »ich weiß, man macht das schon lange nicht mehr, aber wenn dieser Flieger morgen früh landet, dann klatsche ich, und zwar ganz laut!«

Gerade einmal 62 Gäste sind mit uns an Bord. Alle von ihnen stimmen in den Beifall ein, den Franco um sieben Uhr und fünf Minuten südafrikanische Zeit anschlägt, als die Räder der Maschine den Asphalt berühren.

***

Ich hatte Nelia mein Angebot noch am Samstagabend geschickt, sie bestätigte es nur eine halbe Stunde später und leitete es an den Verkäufer weiter, am Montag nahm er es an. Am Mittwoch setzten wir die Verträge auf, am Donnerstag prüfte ein Notar sie für mich und ich unterzeichnete schließlich. Per Eilbrief sendete ich die Dokumente nach Pretoria, wo sie am darauf folgenden Montag eintrafen. Am Dienstag übersendete mir Nelia die digitale Kopie des beglaubigten Kaufvertrags. Und damit war das erledigt.

Es ist beinahe absurd, wie einfach es ist, ein Stück Land zu kaufen. Ich hatte mir diesen Prozess immer so viel umfangreicher und komplizierter vorgestellt. Wenn schon die Ummeldung von Berlin nach Hamburg ein Sieben-Schritte-Programm verlangte und man dafür sogar einen Termin im Bürgeramt benötigte, auf den man manchmal gut zwei Monate warten musste, dann würde der Kauf eines Grundstücks in Afrika doch sicherlich ein ganz anderes Ausmaß an Fokus, Papieren und Paragrafen verlangen, oder?

Aber tatsächlich hatte es nicht viel mehr gebraucht als das richtige Angebot.

Ich hatte mich ein paar Nächte lang mit der Frage gequält, ob ich meines zu hoch angesetzt hatte oder wie es sonst sein konnte, dass wir uns so schnell einig geworden waren. Aber nachdem ich die Preise anderer Plots im Reserve noch einmal intensiv recherchiert hatte, wurde mir klar: Es war einer dieser seltenen Deals, bei denen einfach alles gepasst hatte. Ich brachte die Summe auf, die in der Nähe des Preises lag, die sich der Verkäufer gewünscht hatte, und er würde sie binnen der nächsten vier Wochen vollständig erhalten. Da das Land niemals bebaut worden war, hielt sich der vertragliche Aufwand in Grenzen und auch Südafrika verlangte von einer Person aus dem Ausland, die in Südafrika ein Grundstück kaufte, nicht viel mehr als den unterschriebenen Kaufvertrag und eine beglaubigte Kopie des Passes. Mit diesen Unterlagen würde nun mein Titel, sozusagen mein Grundbuch, ausgestellt werden, den ich mir bei meinem nächsten Besuch im Land bei der Gemeinde von Witzenberg abholen könnte.

Als ich vor ein paar Wochen aus dem Notariat in der Schmiedestraße lief, in dem Frau Lothars mir meine finale Unterschrift im Beisein von Zeug*innen abgenommen hatte, hatte ich nicht begreifen können, dass mir jetzt ein Stück Land in Südafrika gehörte.

`Es hatte einen Lockdown gebraucht, damit mein Leben nicht nur endlich begann, sich zu bewegen, sondern sich beinahe zu überschlagen.`

Während ich mein Airbnb aufschließe, meinen Koffer abstelle, die Fenster zur Kloof Street öffne und die vertraute Luft einatme, beginne ich, wirklich zu verarbeiten, wie lange ich nicht mehr hier gewesen bin, wie viel sich seit April verändert hat. Dass ich gleich Chris wiedersehen werde, dass ich dabei bin herauszufinden, ob wir, wenn wir voreinanderstehen werden, noch immer das fühlen werden, was vor dem Lockdown gerade zwischen uns beginnen wollte. Dass ich es wirklich – *wirklich* – zurückgeschafft habe, an meinen Herzensort, dieses Mal mit beiden Beinen.

Was ich angeblich vermissen werde, wenn ich in Kapstadt bleibe:

- die Deutsche Post
- die deutsche Zuverlässigkeit
- Brot
- Bratwurst
- Sicherheit

Was ich wirklich vermisse, wenn ich in Kapstadt bin:

- die Deutsche Post (wirklich!)
- Matjesbrötchen
- Gewitter (gibt es im Norden und Osten des Landes ständig, aber im Western Cape nur sehr, sehr selten)
- die U2 (generell U-Bahnen)
- Fliederbüsche und Magnolienbäume
- Spaghettieis an der Alster (Südafrikaner*innen verstehen generell das Konzept »Spaghettieis« nicht, verständlich)
- den Festivalsommer (Hurricane! Deichbrand!)
- weißen Spargel!
- lange Abende vorm Späti auf dem Stellinger Weg
- generell Tage, an denen die Sonne erst nach zehn Uhr abends untergeht
- den Tatort am Sonntag

Ein Anfang

808244 – das ist der Code, den wir eingeben müssen, um den Schlagbaum zu lösen, der den Weg zu meinem Grundstück freigibt.

»Von hier sind es nur noch ungefähr drei Kilometer«, sagt Chris zu mir, als ich wieder in den Bakkie steige und die Beifahrertür zuziehe. Ich halte mich am Handgriff fest, während die Räder ihren Weg über den unebenen Boden suchen. Instinktiv ducke ich mich, als wir unter einem der Äste, der tief in den kleinen Sandweg reicht, hindurchfahren.

»In der Regenzeit haben sich die Proteas hier ziemlich breitgemacht, an manchen Stellen, gerade in der Nähe vom Fluss, fühlt es sich fast schon wie ein Wald an«, sagt Chris.

Er lenkt uns aus der dichten Böschung heraus und einen Hügel hinauf. In unserem Kofferraum schlagen Flaschen und Gläser aneinander. Als das Rütteln und Klirren lauter wird, greife ich nach hinten und ziehe den Picknickkorb zurück in eine sichere Position. Durch die staubige Heckscheibe erkenne ich den Range Rover, in dem Magdalena und Jorge uns in sicherem Abstand folgen.

Immer wieder drosseln wir die Geschwindigkeit und manövrieren uns vorsichtig durch Schlaglöcher und vorbei an Gesteinsbrocken, die den ohnehin schon schmalen Pfad noch ein bisschen enger werden lassen.

Als wir uns über die bisher steilste Kuppe gearbeitet haben, setzt endlich die Weite ein, die ich bisher nur von Bildern kenne. Vor uns nichts als dichter Fynbos, erst weit am Horizont bäumen sich die Elandsberge auf. Wir schalten die Motoren ab, steigen aus und laufen schweigend hinter Chris her, der uns zu einem kleinen Vorsprung führt.

»Okay, wird sind da«, sagt er.

Es ist der 30. Oktober 2020, 14.48 Uhr – als ich zum ersten Mal auf meinem Stück Land stehe, als Magdalena eine Flasche Champagner öffnet, als wir gemeinsam anstoßen, uns auf den warmen Stein setzen und auf uns wirken lassen, was ich gerade noch nicht begreifen kann. Das hier ist mein Anfang, mein Stück Afrika.

Dass der Bau einer eigenen Cabin hier draußen im Nirgendwo mich herausfordern würde, ahne ich längst. Genau wie die Fahrt hier hoch werden sich meine ersten Schritte beschwerlich anfühlen, es wird Zeit und Geduld und den Willen zu lernen brauchen, bis ich irgendwann jede Kurve, jede Abzweigung in meinen Muskeln fühlen kann und in sie einlenken werde, bevor ich sie wahrnehmen kann.

Wie viel die nächsten Monate wirklich von mir fordern werden, kann ich in diesem Moment noch nicht wissen. Und vielleicht ist das genau richtig so. Es braucht keine Spoiler und keine Vorschau auf das, was kommt, wenn du wirklich erleben möchtest, was ist.

Was jetzt zählt, sind deine beiden Füße, die den Boden berühren, ist dein Atemzug, der gerade deine Lunge ausdehnt, dir Platz bis tief hinein in deinen Körper verschafft, ist dein Herzschlag, das Gefühl, einen Anfang in jeder deiner Fasern zu spüren.

Entwürfe

In meiner linken Hand halte ich ein Weinglas, in meiner rechten ein Maßband, zwischen meinen Zähnen klemmt ein Post-it.

Ich hocke mich auf den Parkettfußboden und klebe den gelben Zettel genau auf die Zwei-Meter-zehn-Marke. In der Mitte des Rechtecks, das wir in den letzten 15 Minuten immer wieder größer oder kleiner skaliert haben, sitzt Magdalena, schenkt sich gerade Wein nach und notiert die neuen Werte auf einem Stück Papier. Ich verschränke meine Beine und tue es ihr gleich. »Ich glaube, jetzt passt die Größe, für uns zwei ist es total bequem. Wir können beide die Beine ausstrecken, aber es wäre auch noch machbar, wenn wir zu viert hier sitzen würden.«

Wie zum Test winkeln wir die Unterarme an und lehnen sie über die Brüstung, die es noch nicht gibt. Zufrieden stoßen wir an und nehmen beide einen Schluck aus unserem Glas.

»Und das ist jetzt was?«, fragt Jorge, zieht die Kopfhörer aus seinen Ohren und sieht zum ersten Mal seit einer Weile von seinem Bildschirm auf. Vor gut einer Stunde hat er uns Abendessen gemacht, während wir gemeinsam am runden Tisch im Wohnzimmer saßen und mit Stift und Papier ein paar Ideen skizzierten. Er hatte uns drei Gläser Chenin Blanc eingefüllt, sich zu uns gesetzt und ein paar eigene Gedanken zu unseren entstehenden Entwürfen addiert.

Als wir dann schließlich ein Stoffmaßband und Klebezettel zu unserem Werkzeug erklärten, die zweite Flasche Wein öffneten und das Wohnzimmer seines Apartments freiräumten, um unsere Entwürfe praktischer zu planen, stieg er aus und zog Netflix dem kreativen Prozess vor, dem wir uns voll und ganz hingegeben hatten.

»Der Pool, Jorge!«, ruft Magdalena ungeduldig aus.

»Ist das nicht ein bisschen klein, um es einen Pool zu nennen?«

»Nicht wenn es gleichzeitig auch ein Hot Tub ist, *keep up!* Während des Sommers ist er groß genug, um sich darin abzukühlen, und wenn es kälter wird, kannst du ihn über einen Holzofen anheizen und dann deinen Wein«, sie tippt mit dem Zeigefinger an ihr Glas, »im warmen Wasser trinken, während du den Sonnenuntergang anschaust. Brillant, richtig?«

Jorge hebt erst beschwichtigend die Hände und gibt sich dann lachend geschlagen. »Sorry, sorry – ich wusste nicht, dass ich es jetzt auf einmal mit Architektinnen zu tun habe.«

Seit unserem Besuch auf dem Plot ist bei Magdalena und mir das Planungsfieber ausgebrochen. Einen großen Teil unseres jeweiligen Arbeitstages verbringen wir damit, uns Postings und Pins weiterzuleiten, Inspiration zu sammeln und immer wieder neue Ideen in die noch leeren Räume zu stellen. Abends treffen wir uns, zeichnen Grundrisse und diskutierten sie. Normalerweise ist auch Chris dabei, aber genau wie Jorge hat der sich heute Abend herausgezogen.

»Während du dir noch nicht sicher bist, ob du mit Holz, Stahl oder Stein bauen willst, ist Magdalena sich längst sicher, welche Dachform am besten funktionieren würde. Während du dich durch Bodenbeläge und Fliesenmuster klickst, zeichnet sie die Badewanne wieder in den Grundriss, die du fünf Minuten vorher eigentlich wieder verworfen hattest. Ihr zwei redet über drei Räume und dreißig Detailfragen – parallel! Das ist euer Ding, so klickt ihr eben. Aber jeder ohne das Talent, mit derselben Person in mehreren Konversationen gleichzeitig zu stecken, braucht ab und zu mal eine Pause. Also schlage ich vor: Ihr brainstormt und am Wochenende zeichnen wir beide gemeinsam weiter!« Das war Chris' Antwort gewesen, als ich ihn eingeladen hatte, noch eine Nacht zu bleiben. Zum Abschied küsste er mich an meiner Haustür.

Chris wohnt noch immer in Table View, ein paar Kilometer außerhalb Kapstadts, aber verbringt mittlerweile auch unter der Woche immer mal wieder ein paar Nächte in meinem Apartment. Ich mag diese Phase unserer Beziehung, die auch eine Art Entwurfsphase ist, in der wir beide es lieben, die andere Person mit jedem Date noch ein bisschen besser kennenzulernen, beginnen, Charakterzüge wiederzukennen, erste Routinen miteinander zu entwickeln, auf die ich mich immer dann freue, wenn ich sie nicht haben kann – und dabei gleichzeitig die Intimität zulassen, die es uns möglich macht, weder die Zeit miteinander noch die Beziehung, die wir gerade entwickeln, zu überstürzen. Ich richte mein Leben nicht neu nach Chris aus – ich mache langsam Platz für ihn.

Dass Magdalena in meinem Leben gerade dennoch die engste und wichtigste Bezugsperson ist, macht ihm keine Angst. »Sie war längst da, als es mich noch nicht gab, sie ist deine Person, der Mensch, mit dem du einfach so klickst«, hat er mal zu mir gesagt, als wir nach einem Abendessen zu viert gemeinsam zurück zu meiner Wohnung liefen. »Ich weiß, dass da immer jemand ist, der dich versteht, wenn ich oder du selbst es gerade nicht können. Wann immer wir streiten und ich dich deswegen vielleicht sogar unglücklich mache, weiß ich, dass es jemanden gibt, der in der Lage ist, den Tag für dich trotzdem noch zu retten. Und das fühlt sich gut an. Da ist längst jemand, der genauso impulsiv denkt und lebt, genauso viele Emotionen teilen kann wie du, wie auch immer ihr das macht …«

Er hat recht. Maggs und ich klickten schon immer, seit dem ersten Moment und dann immer wieder, seit mittlerweile fünf Jahren. Wir steigern die andere jeweils mühelos in die Idee hinein, für die wir gerade brennen, und pushen uns dann als Team gemeinsam zum nächsten Schritt. Keine Idee ist zu absurd, bis wir sie nicht einmal gemeinsam durchlebt haben, jeder Gedanke zählt und wird entweder zum Teil der Dynamik – oder wieder losgelassen. Und dabei ist es übrigens vollkommen egal, ob es sich um eines meiner oder ihrer Projekte handelt, ob wir an einem groben Kundenbriefing, einer Hauskonstruktion oder der Planung einer Hochzeit sitzen. Wenn man mich fragt, was ich am meisten an uns schätze, dann ist es genau das.

Mit deiner besten Freundin an einem Dienstagabend in einem Pool aus Post-its zu sitzen, Pläne zu schmieden, nicht einfach allein ins Nichts hinein, sondern miteinander, gemeinsam dafür zu sorgen, dass die Träume der anderen wahr werden – das ist für mich unbezahlbar, unersetzbar. *We are in this together – all of it.*

Wenn ich jetzt zurückblicke, ist es vielleicht die schönste Zeit im gesamten Entstehungsprozess um diese Cabin. Die Zeit, in der noch alles möglich, noch kein Grund gebrochen, noch kein Fehler gemacht, noch keine Hürde gerissen ist. Der Plot liegt wie eine unberührte Leinwand vor uns, auf der wir zu zeichnen beginnen. Und wenn ich jetzt und hier die Augen schließe, dann sitze ich nicht mehr zwischen Zetteln und Kissen auf dem Fußboden des Stadtapartments, sondern lasse mich von meiner Vorstellungskraft direkt in eine Szene tragen, in der ich in das laue Wasser des Pools eintauche, ein bisschen wärmer als die Temperatur der Sommernacht um uns herum. Ich sehe die Sterne, höre die Grillen, die nach Liebe suchen, das leise Knistern des Feuers, das neben uns brennt. Ich brauche niemanden, der mir das aufzeichnet, mir in Zahlen beweist, dass es möglich ist, oder aufwendig rendert, damit ich ein Gefühl für den Entwurf bekomme. In mir drin erlebe ich ihn längst. Ich sehe nicht nur den Pool, sondern die ganze Cabin vor mir.

Wenn ich die Eingangstür öffne, blicke ich auf den großen Esstisch, der das Zentrum der offenen Küche und des Wohnbereichs wird. Dahinter lässt eine breite Glasfront einen ungestörten Blick über das Bergpanorama und die Täler zu, ein großer Kamin füllt die rechte Ecke des Raumes aus und wird hier nicht nur im Winter für Atmosphäre sorgen. Ich bin mir noch nicht sicher, ob ich mir ein oder vielleicht sogar zwei Schlafzimmer vorstellen kann, aber ich weiß, dass ich beim Aufwachen das Morgenrot sehen will, dass ich mit einem Kaffee in der Hand die großen Schiebetüren öffnen und die kühle Luft in das Schlafzimmer lassen will, bevor ich mich in die übergroße Hängematte sinken lasse, die das Deck mit dem Innenraum verbindet. Ich sehe die kleine Bibliothek vor mir, die sich hinter der halben Schlafzimmerwand versteckt und zur Rückseite des Gebäudes ausgerichtet ist, ein mentaler Rückzugsort, mitten in der Natur. Während das Deck vor allem Weite und natürliche Freiheit symbolisiert, entsteht hier hinten ein kleiner Cocoon. Es ist alles längst da.

Natürlich weiß ich trotzdem, dass ich schon sehr bald den professionellen Rat eines Architekten brauchen werde. Denn obwohl der Grundriss der Cabin, die Räume und ihre Aufteilung, der Flow und die Stimmung in mir reifen, fehlt mir die Expertise, das Wissen über Materialien, über Statik und Struktur. Ich habe als Fotografin gelernt, Momente einzufangen, habe sie als Autorin oft beschrieben – und werde jetzt beginnen, sie zu erschaffen. Aber um sie auf sicheren Boden zu stellen, ihnen ein Fundament zu geben, das sie tragen kann, werde ich Hilfe brauchen.

Grundsätzlich kann in Südafrika jede Person mit so viel oder so wenig Hilfe bauen, wie sie für richtig hält, solang die Baupläne zuerst von einem oder einer Statiker*in abgesegnet worden sind und danach die Prüfung beim Bauamt, beim Umweltamt und in meinem Fall auch vor der *Homeowners Association* bestehen. Die *HOA* entscheidet zum Beispiel in ihrer Verordnung über die Baumaterialien, die verwendet werden dürfen, über die Farbgebung eines Gebäudes, die maximale Größe und Höhe und auch über seine Platzierung auf dem Grundstück. Bevor wir festlegen können, wo genau wir die Cabin bauen wollen, werden wir mit einem oder einer Landvermesser*in meinen Plot begehen müssen, um eine genaue Karte des Baulands anzulegen, seine Topografie detailliert aufzuzeichnen und außerdem sicherzustellen, dass die Bauposition nicht über einer Wasserader oder einem Hohlraum liegt. Landvermesser*innen sind außerdem Expert*innen, wenn es um mögliche Winde und den Sonnenstand geht, die beim Bauen zu den wichtigsten Entscheidungsfaktoren gehören. Sie kennen die Antworten auf Fragen wie: Wie muss ich mein Haus ausrichten, wenn ich den Sonnenaufgang von meinem Bett aus sehen möchte? Wann fällt Schatten auf welchen Bereich des Hauses? Wie vermeide ich, dass der Wind sich auf meiner Terrasse oder unter dem Vordach verfängt? Welcher Winkel ermöglicht mir den besten Blick und bietet gleichzeitig Schutz vor Wetterfronten, die über die Berge zu uns herunterkriechen?

Wenn alles in Betracht gezogen und entschieden worden ist, prüft der*die Landvermesser*in schließlich noch, ob die finale Bauposition auch innerhalb der Regularien der *HOA* liegt. Das heißt für mich zum Beispiel: Mein Bau darf nicht dichter als zwanzig Meter an eine der Grundstücksgrenzen heranreichen, um die Privatsphäre der benachbarten Grundstücke sicherzustellen, und außerdem einen architektonischen Fußabdruck von 120 Quadratmetern nicht überschreiten, denn auch obwohl es schon ein paar Cabins im Reservat gibt, gilt weiterhin der Grundsatz, die Landschaft so natürlich und vor allem unbebaut wie möglich zu erhalten. Jede*r Besitzer*in darf zum Beispiel auf dem eigenen Grund und Boden nur einen einzigen Bau verwirklichen und ist danach dazu angehalten, die Vegetation, die dabei verletzt oder vernichtet wurde, wiederherzustellen.

Anhand der gefertigten Landkarte können dann die eigentlichen Baupläne für die Überprüfung durch den*die Statiker*in gezeichnet werden. Prinzipiell darf ich den Grundriss und die Baupläne selbst anfertigen, und für ein paar Tage habe ich auch darüber nachgedacht. Chris ist Interior Designer und zeichnet und rendert täglich neue Wohnkonzepte, er kann mühelos aus meinen Ideen einen professionellen Plan machen. Gemeinsam mit Maggs haben wir auch schon angefangen, das Konzept und die einzelnen Räume zu zeichnen. Aber in der Praxis wird uns schon nach ein paar Seiten in den Erlassen und Vorschriften klar, dass ich keinerlei Überblick über die Anforderungen habe, denen meine Unterlagen entsprechen müssen.

Ich habe deshalb einige Architekturstudios in der Stadt herausgesucht, um mir in einem Beratungsgespräch einen Überblick über das Angebot und die Kosten zu verschaffen, die auf mich zukommen werden, um meinen Entwurf der Cabin auf das professionelle Level eines realistischen Bauplans zu bringen und diesen schließlich auch bei den offiziellen Ämtern erfolgreich bewilligt zu bekommen.

Und obwohl sie so theoretisch klingen, all diese Details, all die Paragrafen und Verordnungen, fühlen sie sich für mich dennoch wahnsinnig aufregend an, denn jeder einzelne Haken, den ich hinter eine Anforderung setzen kann, bedeutet einen weiteren Schritt, den ich auf meinen Traum zumache. Und jeder weitere Termin, jede weitere Unterlage, die ich ausfüllen und einreichen kann, bedeutet für mich, dass ich dazugelernt habe, dass ich dabei bin, noch tiefer einzutauchen, in die Realität, wirklich hier in Südafrika, mitten im Nirgendwo, meine eigene Cabin zu bauen.

Architekt*in

Architekt*innen zu googeln fühlt sich übrigens genauso seltsam an, wie nach einem neuen Hausarzt oder einer neuen Hausärztin zu suchen: Worauf genau achtet man eigentlich, wenn alle ähnlich heißen, auch noch ähnlich aussehen und natürlich auch alle ähnlich spärlich über ihre eigene Arbeit berichten können?

Wenn ich wissen will, ob ein neues Restaurant mich interessiert, dann finde ich die Antworten, das Menü und eine Handvoll aktueller Fotos garantiert auf Instagram. Wenn ich ein Hotel recherchiere, dann zuerst seine Lage, vielleicht seine Anbindung und dann natürlich seine Optik und Ausstattung. Ja, sogar wenn ich nach neuen Möbeln suche, finde ich online in weniger als dreißig Sekunden alle Informationen über den Look, die Maße, die Materialien und den Vertrieb, kann mir die Couch in perfekter Studiobeleuchtung und dann auch noch einmal getagged und gestylt in einem privaten Wohnzimmer hier in der Stadt oder sogar in meinem Viertel anschauen.

Wenn ich nach Architekt*innen suche, finde ich hingegen Männer in beigen Anzügen mit gewinnendem Lächeln vor großen Schreibtischen, Männer vor beigen Baustellen, vereint in gestärkten Oberhemden und einem festen Handschlag, oder aber Männer gebeugt über großzügig ausgerollte Bauzeichnungen, den Zeigefinger entweder auf dem Problem oder am Kinn.

Zehn von zehn würden sich selbst als generell dynamisch, kreativ und ergebnisorientiert bezeichnen. Mit drei von zehn habe ich für die nächsten Tage Termine vereinbart.

1. Alan Smith, Architekt, *besorgt*
Termin: Mittwoch, 15 Uhr
In einem Satz: »Ich glaube wirklich, Sie sollten sich das noch einmal überlegen, in einem fremden Land zu bauen ist kein Spaziergang, aber in einem fremden Land als alleinstehende Frau zu bauen, das ist ein Risiko, das ich persönlich nicht eingehen würde.«

2. Jonathan Shapiro, Architekt, *Mansplainer*
Termin: Donnerstag, 11 Uhr
In einem Satz: »Lassen Sie mich da doch direkt einmal unterbrechen, ich bin gerade ganz überrascht, dass meine Assistentin Ihnen einen Termin bei mir gegeben hat, solch kleine Projekte nehme ich normalerweise gar nicht in die persönliche Beratung, das ist für mich ja ein wahnsinniger Aufwand, der sich schlussendlich in der individuellen Betreuung nicht rentiert, lassen Sie mich Ihnen auch erläutern, warum, wir berechnen ja über einen gesetzlich verankerten Prozentsatz unsere Honorare für jegliches Consulting oder aber späteres …«

3. Riaan van de Bout, Architekt, *vermutlich Single*
Termin: Freitag, 15.30 Uhr
In einem Satz: »Also die Pläne sehen so ja schon mal nicht schlecht aus, aber sind Sie sich sicher, dass das auch wirklich das ist, was Sie wollen? Frauen wissen ja meistens immer ganz genau, was sie nicht wollen, und selbst darüber ändern sie ständig ihre Meinung, haha – ich scherze

natürlich, aber dennoch muss Ihnen bewusst sein, so ein Projekt erfordert Durchhaltevermögen.«

»Und wie lief es?«, fragt Magdalena mich, als ich kurz nach meinem letzten Gespräch zurück in unser Büro komme. Statt zu antworten, werfe ich meine Jacke über die Stuhllehne, lasse meine Unterlagen auf die Tischplatte fallen und ziehe die Kühlschranktür auf. Ich öffne den Korken, der nur lose auf dem Flaschenhals gesteckt hat, schenke uns beiden einen Schluck Wein ein und schiebe meiner Freundin wortlos ihr Glas entgegen. »Cheers also?«

Ich nicke. Es hat seine Vorteile, ein Start-up im Wein-Business zu führen, irgendeine gekühlte Flasche, die diversen Anlässen entsprechen könnte, findet sich hier immer, und niemand verurteilt dich, wenn du sie an einem Freitagnachmittag noch während der Arbeitszeit öffnest. Nicht dass die Südafrikaner*innen einander jemals für ein Glas Wein verurteilen würden, *but you get me.*

»Lass mich zusammenfassen: Mein Kapital ist nicht spannend genug, mein Beziehungsstatus generell ein Risiko und mein Geschlecht problematisch.«

»Dein Beziehungsstatus?«

»Alan Smith findet ihn verunsichernd.«

»Ist er nebenbei Paartherapeut?«

»Er ist vor allem überzeugt davon, dass Frauen keine Häuser bauen sollen, zumindest nicht allein oder ohne *abgesichert* zu sein. Aber hey, ich verstehe seine Bedenken. Was macht eine Frau im Jahr 2021 denn auch mit einem Haus, wenn sie keine Kinder hat, um sie darin großzuziehen? Wirklich, es ist mein Fehler, dass ich das nicht vorher besser durchdacht habe.« Ich lege meinen Kopf in den Nacken und stoße ein frustriertes Grollen aus. »Weißt du, was mich am meisten nervt? Dass es niemals aufhört, dieses Sich-beweisen-Müssen. Ich komme in ein Meeting und muss beweisen, dass ich Markenmanagement nicht nur studiert habe und täglich ausübe, sondern auch tatsächlich verstehe. Ich komme zu einem Termin und muss dem Winzer erst einmal beweisen, dass ich sein Produkt wirklich verstehe und sogar größere Mengen davon kaufen will und kann. Ich komme in einen Pitch und muss erst einmal beweisen, dass ich mir das Projekt auch ›größentechnisch‹ zutraue, bevor ich mein Konzept vorstellen darf. Ich komme an ein Set und muss erst einmal anhand meines Equipments beweisen, dass ich wirklich Fotografin bin, weil man mich ja auch mit einer Influencerin verwechseln könnte. Ich komme in das Büro eines Architekten und muss erst einmal glaubhaft versichern können, dass ich wirklich die finanziellen Mittel habe, um so eine Cabin zu realisieren, und dass ich sie auch tatsächlich bauen und nicht nur dekorieren will. Es kotzt mich so an. Weißt du, wie gern ich einfach mal in irgendein Büro laufen würde, und jeder, der mich dort erwartet, geht wie selbstverständlich davon aus, dass ich weiß, warum ich hier bin, tatsächlich alle Fakten kenne und dementsprechend alles, was ich sage, auch wirklich so meine. Dass meine Pläne, die ich verwirklichen möchte, kein großer Irrtum sind, vor dem man mich retten müsste.« Ich seufze und nehme einen großen Schluck Wein. »Ich meine, klar, ich weiß nicht, wie man einen Entwurf zum Bauplan macht, ich weiß nicht, welche Formalitäten zunächst auf mich zukommen, bevor ich diese Cabin umsetzen kann. Aber darum bin ich ja gerade hier, du Idiot, darum bin ich bereit, dich zu bezahlen, darum habe ich diesen Termin gemacht. Damit du diese Mappe, die ich mitgebracht habe, einfach einmal aufschlägst und dir einen Überblick über meine Anfrage verschaffst, anstatt mir eine ungefragte Lebensberatung aufzudrücken.«

Maggs nickt. »Als mein Vater mit Anfang zwanzig seine ersten großen Projekte mit diversen Investoren als Bauleiter gemanagt hat, hat ihn kein Mensch infrage gestellt, die waren alle begeistert von seinem Biss und seiner Vision. Aber wenn du mit Anfang dreißig als Frau dein eigenes Kapital anlegen willst, ist sich niemand so richtig sicher, ob man dir diese Entscheidungen eigentlich auch zutrauen kann. Als Typ kannst du unvorbereitet in so ziemlich jedes Meeting gehen und erst einmal verlangen, dass man dir erklärt, warum du eigentlich hier bist …«

»… und als Frau musst du gefühlt schon jede Antwort auf deine eigenen Fragen wissen, bevor man dir die Möglichkeit gibt, sie überhaupt zu stellen«, beende ich ihren Satz. »Ich will das überhaupt nicht zum Geschlechterthema machen. Ich will überhaupt nicht über Frauen und Männer sprechen, es langweilt mich so sehr. Ich will einfach nur einem Architekten oder einer Architektin meinen Entwurf vorstellen und ihn oder sie dafür bezahlen, dass sie ihn mit mir auf das nächste Level bringen!«

»Warte mal, kanntest du nicht mal diese eine Architektin aus Johannesburg?«, fragt Maggs, richtet sich in ihrem Stuhl auf und greift nach ihrem Handy.

»Wen meinst du?«

»Die hattest du mal auf dieser einen Ausstellung getroffen? Weißt du noch? Das muss irgendwann im Sommer 2018 gewesen sein.« Sie scrollt über ihren Bildschirm. »Ich weiß noch genau, wann das war …«

Das ist auch so eine Sache, die ich an Magdalena absolut faszinierend finde: Sie trifft einen Menschen ein einziges Mal, für vielleicht zehn Sekunden, und speichert Gesicht, Namen und eventuelles Insta-Handle sicher in ihrem Gedächtnis ab. Ich hingegen stelle mich Menschen manchmal zweifach vor und weiß dann immer noch nicht genau, wer sie eigentlich sind. Nicht weil ich mich nicht genug bemühen würde, sondern weil ich mir Geschichten einfach besser merken kann als Gesichter. Wenn mich etwas mit diesem Menschen verbindet, werde ich auch zehn Jahre später noch Gespräche und Situationen bis ins kleinste Detail erinnern, werde wissen, in welchem Raum, an welchem Tag, in welchem Moment welche Worte gefallen sind und was ich dabei gefühlt habe.

»Hier! Jemma Bricks, ich hab sie gefunden!«

»Nicht dein Ernst?«

Ich nehme ihr das Handy aus der Hand. »Ja! Du hast recht! Ich hab sie auf der Vernissage von meiner Freundin Laura getroffen, sie ist vor ein paar Jahren von Brighton nach Südafrika gezogen, und ich glaube sogar, sie wollte sich selbstständig machen. Wir haben damals sogar in der gleichen Ecke auf der Kloof Street gewohnt, ohne es zu wissen! Ich meine aber, dass sie nach Johannesburg ziehen wollte, weil sie dort ein besseres Angebot bekommen hatte.«

Magdalena rollt lachend mit den Augen. »Und darum bist du die für die Story und ich die für die Informationen. Aber mal im Ernst, wieso schreibst du ihr nicht?«

***

Jemma war tatsächlich nach Johannesburg gezogen, sie hatte tatsächlich vor ein paar Jahren einen Job in einem großen Architekturbüro angenommen und sie konnte sich, genau wie ich, noch gut an unser erstes Treffen auf der Bree Street erinnern. Vor ein paar Wochen ist sie zurück nach Kapstadt gezogen, hat ihren Job in der Firma gekündigt und sich mit einem unabhängigen Architekturstudio selbstständig gemacht. Darum sitzen wir auch gerade bei einem Kaffee zusammen im Clarke's und können beide nicht fassen, wie verrückt sich das Schicksal manchmal anfühlen kann. Noch nicht einmal vor 24 Stunden habe ich ihr eine kurze DM hinterlassen, jetzt sitzen wir in der Sonne, bestellen Cappuccino und unterhalten uns, als würden lediglich Tage und nicht drei Jahre zwischen diesem und unserem letzten Gespräch liegen.

Während Jemma sich durch meine Entwürfe und das Exposé, das ich zusammengestellt habe, blättert, muss ich an unser Kennenlernen denken. Eine gemeinsame Freundin hatte uns zur Eröffnung ihrer Ausstellung eingeladen, die sich nach den ersten offiziellen Stunden, in denen man sich an einem Glas Wein festhielt, über die Künstlerin sprach und im Raum vorsichtig nach Menschen suchte, die man vielleicht kannte, zu einer der wilderen Partys in

Kapstadt entwickelt hatte. Bis in die frühen Morgenstunden feierte der harte Kern der Gäste zwischen den Kunstwerken, drehte die Musik auf, schenkte Tequila nach und schnappte zwischendurch auf dem Hinterhof ein bisschen frische Luft. Jemma und ich saßen zusammen auf der Terrasse, hatten beide unsere Schuhe ausgezogen, erzählten uns voneinander und lehnten uns dabei gegen die kühle Steinwand hinter unserer Bank. Selbst nachts konnte es in den Sommermonaten hier noch immer 25 Grad Celsius haben. Sie rauchte damals noch, trennte sich gerade, ich verzichtete auf die Zigarette, trank dafür Gin Tonic, datete niemanden, liebte dafür umso intensiver. Sie war gerade dabei auszuwandern, wollte raus aus ihrem alten Leben, weg von abgelaufenen und verfahrenen Wegen, hatte in Südafrika eigentlich nur ein Praktikum gemacht, um sich in ihrem Studium neu zu orientieren, aber war dann irgendwie hängen geblieben. Für mich war Südafrika damals die pure Faszination, für sie die Flucht – und wie sich herausstellte: für uns beide ein Neuanfang.

Nicht selten triffst du in Kapstadt auf Menschen, mit denen du einen Abend lang deine Geschichte teilst. Manche von ihnen siehst du nie wieder, manche von ihnen vergisst du bis zum Morgengrauen wieder, und manche von ihnen laufen dir Jahre später noch einmal über den Weg, in dieser Stadt, die manchmal die Welt und manchmal eine *nutshell* ist.

»Und? Was sagst du?«, frage ich irgendwann, um die Stille zwischen uns zu überwinden, vor allem weil ich die Nervosität in mir aufsteigen fühle.

Jemma blickt auf und verschränkt ihre Arme vor der Brust. »Also, du willst diese Cabin bauen, du willst deine Pläne einreichen und du brauchst eine Architektin?«

»Genau.«

»Und du bist dir sicher, dass du das durchziehen willst?«

»Ja.«

»Okay. Was hältst du davon, wenn ich dir nicht nur die Pläne zeichne, sondern wenn ich dir das ganze Ding baue? Denn wenn du mich fragst, das ist ein großartiges Projekt! Und ich hab großen Bock, ein Teil davon zu sein.«

Toni the »Tub Guy«

Ich weiß, dass ich mit dem nächsten Satz eine Mindermeinung ausspreche, dass mir mehr als die Hälfte der Leser*innen widersprechen wird, ich kenne die Reaktionen, ich habe sie oft gehört, aber dennoch, aus der Tiefe meines Herzens: Ich hasse Badewannen.

Bevor mich jemand falsch versteht: Ich liebe Wasser, ich liebe es prasselnd, plätschernd, strömend, dampfend, in eiskalten Wellen im Ozean oder mit Druck und gut 45 Grad Celsius aus einer Dusche kommend. Ich liebe das Meer, ich liebe Rockpools, ich liebe Swimmingpools, ich liebe Whirlpools und Hot Tubs sowieso.

Aber ich hasse es zu baden. Ich sollte schon oft beschreiben, warum, aber die einfache Wahrheit ist: Eine Badewanne ist ein Ort, an dem du nackt, schutzlos und trotzdem in bedrängter Position verharrst, während Salze und Öle den Stress und Schmutz des Tages von deinem Körper lösen sollen und du schlussendlich doch wieder darin sitzen bleibst. Und nein, das Bad mit einem Partner zu teilen, ist nicht unbedingt romantisch, sondern eine enttäuschte Erwartung mit Platzproblemen und kalten Körperteilen.

Let me quote it best: »I am generally not interested in simmering in testicle tea for twenty minutes.«

Zugegeben, ich habe mich auch schon zu einem gemeinsamen Bad mit Chris überreden lassen. Und ein Teil von mir hat es genossen. Aber das lag daran, dass wir zu diesem Zeitpunkt gerade nach drei Stunden im Busch bei stärkstem Regen zurück ins Camp gekommen waren und zum Aufwärmen nur eine Außendusche, die mit dem Sturm dort draußen konkurrierte, oder aber die Badewanne zur

Verfügung stand. Außerdem schenkte Chris uns Rotwein ein und noch dazu war es unser erster gemeinsamer Trip. Das ist nicht der Zeitpunkt, an dem du dein Glas Wein nimmst, dem Liebsten zuprostest und dich allein im warmen Wasser ausbreitest – natürlich machst du Platz. Aus der Badewanne heraus, die aus Stein gefertigt war und in der Mitte unseres offenen Zimmers stand, hatten wir noch dazu einen weiten Blick auf das ungestörte Bushveld und den Limpopo River, der nicht selten von Nyalas, Impalas und anderen Antilopen aufgesucht wird, die dort ihren Durst stillen. Mit einer gewöhnlichen Badewanne, die meistens an einem gefliesten Wandabschnitt platziert ist, hatte dieses Exemplar gar nichts gemeinsam.

»Du kannst sie ja auch frei in den Raum stellen!«, antwortet Jemma lachend, als ich ihr von meiner Abneigung erzähle.

Seit unserem ersten Treffen sind ein paar Wochen vergangen. Zwischen uns hatte es gepasst, geklickt und binnen weniger Tage waren die Verträge nicht nur aufgesetzt, sondern auch unterschrieben. Jemma würde nicht nur den Bauplan zeichnen, sondern auch die Umsetzung des Projekts übernehmen. Sprich, sich mit den Ämtern auseinandersetzen. Die Klebezettel in Maggs' Wohnung sind einem gezeichneten Plan gewichen, den wir gerade der *HOA* vorgelegt haben, nicht weil die Cabin längst finalisiert ist, sondern um eine Stimmung abzuklopfen. Wie viel Gegenwind werden wir bekommen, geht unser Entwurf in die richtige Richtung, und wie viel Freiheit wird uns das Gremium am Ende einräumen? Jemma hat vorgeschlagen, in der Zwischenzeit mit dem *sourcing* zu beginnen, um uns einen Überblick über die Kosten und damit unsere Möglichkeiten zu verschaffen. Vereinfacht heißt das: Wir laufen durch eine Vielzahl von Sanitärgeschäften, Fliesenmärkten und Fenstermanufakturen, vergleichen Türgriffe, Armaturen, Rahmenfarben und Bodenbeläge. Der schwierige Part daran, eine Cabin oder auch ein Haus zu entwerfen, ist nämlich nicht der, sich zu entscheiden, sondern herauszufinden, woher du die Produkte bekommst und ob du sie dir überhaupt leisten kannst. Während es in Europa beinahe einen Überfluss an Anbietern gibt, die Produkte in unterschiedlichsten Preis- und Exklusivitätsklassen vertreiben, ist es in Südafrika eine Herausforderung, individuelle, aber erschwingliche Lösungen zu finden. Die meisten Produkte werden entweder teuer aus Europa oder Asien importiert (Südafrikaner*innen wurde über Dekaden der Glaube aufgezwungen, dass die europäische Qualität nicht mit der landeseigenen zu vergleichen ist – leider hat diese Überzeugung sich vor allem in der Bauindustrie festgesetzt) oder aber sind, aufgrund der Frachtverzögerungen, die die Pandemie weltweit mit sich gebracht hat, *nicht verfügbar.* Wer dazu noch auf lokale Manufakturen setzen will, der muss sie erst einmal kennen und finden, denn die wenigsten Handwerker*innen positionieren sich online. Wenn man jemanden kennt, der oder die einen großartigen Job als Steinverkleider*in macht, dann gibt man den Namen einfach persönlich weiter. Kleine Studios für Tonarbeiten sprechen sich ebenfalls eher herum, als dass man sie ergoogeln könnte, und kennt man Zimmerleute, die ihren Job mit Präzision und Hingabe machen, hält man an ihnen fest und teilt den Kontakt mit Bekannten oder jenen, die irgendwie davon wissen, dass man ihn bei dir finden kann. (Spoiler: Ich werde in den nächsten Monaten lernen, dass du die besten Adressen kennen wirst, *nachdem* du deinen Bau beendet hast.)

Jemma hat ihr Netzwerk während der letzten Jahre in Johannesburg aufgebaut, hier im Western Cape und vor allem bei einem Nischenprojekt, wie wir es umsetzen wollten, beginnt auch sie von vorn.

Sie nimmt meine Hand und streicht mit meinen Fingern über den Rand der schweren Badewanne, an der sie hängen geblieben ist und die ich direkt vehement abgelehnt habe.

»Selbst wenn ich die«, ich lege den Kopf schräg, um das Preisschild besser lesen zu können, »27.000 Rand* für eine simple Badewanne hätte, selbst wenn ich sie in die Mitte des Zimmers stellen würde, ist sie dennoch isoliert in einem eher kleinen Raum mit dem maximal drittbesten Ausblick des ganzen Hauses, denn wer verschwendet schon das große Panorama an einen Ort, an dem du maximal zehn Prozent deines Tages verbringst, ganz egal wie lange du im Seifenwasser sitzt?«

»Okay, aber was, wenn du sie nicht ins Badezimmer, sondern ins Schlafzimmer stellst?«

***

Es ist nicht das erste Mal, dass ich diesen Vorschlag höre. Erst vor zwei Tagen hat Maggs ihn mir *mal wieder* unterbreitet, sehr viel vehementer als Jemma, was vielleicht auch daran lag, dass ich ihn immer wieder abgelehnt habe.

»Jetzt pack dein eigenes Trauma oder was auch immer das ist zur Seite, und gib den Menschen eine Badewanne!«, hat sie irgendwann frustriert gerufen und wieder mit dem Zeigefinger auf den Plan getippt. »Sie passt perfekt vor das große Bett im Schlafzimmer. Stell es dir so vor: Du machst morgens die Vorhänge auf, das warme Licht flutet über den Fußboden bis hin zu deinem Bett, du stehst auf, machst dir einen Kaffee ...«

»... und dann legst du dich mit einem Buch und bequemen Kissen in die riesige Hängematte vor deinem offenen Fenster, genau«, unterbrach ich sie.

»Okay, dann anders: Es wird langsam dunkel draußen, du hast gerade einen *Sundowner* getrunken, der Wind frischt ein bisschen auf, es ist noch zu früh für ein Abendessen und damit der perfekte

---

* Umgerechnet sind das gut 1.600 Euro.

Zeitpunkt für ein entspanntes Bad, du öffnest die Fenster ganz weit und steigst in die Wanne, um den letzten Rest des Tages und den *cotton candy sky* ganz ungestört zu genießen. Und dabei ›hockst‹ du eben nicht in einem abgetrennten Badezimmer, sondern entspannst im eigenen, großzügigen Schlafzimmer. Und falls du zum Beispiel mit deinem Partner reist, kannst du den Moment ja auch mit ihm teilen, während er auf dem Bett liest oder mit dir ein Glas Wein trinkt.«

»Oder«, konterte ich, »du verbringst den Sonnenuntergang mit deinem Partner im Pool, von dem aus du über das ganze Reservat schauen kannst.«

»Wenn es windig ist oder regnet, willst du aber nicht in einem kalten Pool sitzen.«

»Dann ist es ja umso besser, dass man ihn zu einem Hot Tub umwandeln kann.«

»Wenn es im Herbst stürmt und dir der Regen ins Gesicht peitscht, dann nützt es dir auch nichts, dass du in einem Hot Tub sitzt, es ist *miserable!*«

»Ich stimme dir zu, bei Sturm und Regen machst du das Feuer im Kamin an, wickelst dich in eine Decke, kochst gemeinsam *comfort food* und spielst stundenlang Uno, während der Regen von den Fensterscheiben abperlt.«

»Du machst mich wahnsinnig!«

»Eine Badewanne ist einfach Wasserverschwendung.«

»Aber ein Pool nicht?«

»Den Pool lässt du ja nicht jeden Tag neu volllaufen.«

»Eine Badewanne fasst ungefähr ein Zehntel des Pools!«

»Ja, und das sind immer noch 150 Liter verschwendetes Wasser.«

»Hör auf, mit deinen persönlichen Neigungen das Projekt zu blockieren!«, brach es frustriert aus ihr heraus, und wir mussten beide schallend lachen. Sie vergrub den Kopf in ihren Handflächen und warf ihn in den Nacken. »Ich werde niemals aufhören, für diese Badewanne zu kämpfen! Und ich werde gewinnen. Ich werde eines Tages in deiner Cabin sitzen und ein Glas Wein in dieser Badewanne trinken und stolz darauf sein, dass ich sie nicht aufgegeben habe!«

»Es ist ja nicht mal so, dass ich die Badewanne komplett ausschließe. Aber sie macht einfach keinen Sinn, so wie wir die Cabin jetzt entworfen haben«, antwortete ich ihr. »Wenn wir mit einem zweiten Schlafzimmer planen könnten, versprochen, dann wäre da eine Badewanne, dann hätte der eine Raum den bodentiefen Blick über die Natur und der andere sein ganz privates Spa-Feature. Aber mit nur einem Schlafzimmer ist so eine Badewanne einfach überflüssig und im Weg. Die Entscheidung fällt zwischen Pool oder Badewanne. Und ich hab mich einfach für den Pool entschieden.«

***

»Okay, ich weiß nicht, ob die Frage überhaupt zugelassen ist, aber warum haben wir eigentlich nicht mit einem zweiten Schlafzimmer geplant?« Jemma beißt in ihren Bagel, wischt sich einen Krümel aus dem Gesicht und kaut zufrieden.

Wir sitzen mit unserem Lunch und jeweils einem großen Becher Kaffee auf einer Bank vor African Tiles. Nachdem ich gerade den Quadratmeterpreis für meine favorisierten Küchenfliesen erfahren habe, deren Lieferzeit gut sechs bis neun Monate beträgt, brauche ich eine Pause.

»Ich musste gerade eine halbe Minute die Preisliste der Fliesen veratmen, ich glaube nicht, dass ein zweites Schlafzimmer günstiger ist«, antworte ich und zucke mit den Schultern.

Wer im digitalen Bereich, in Pitch-Planungen oder auch auf der Agenturseite mit Budgets arbeitet, der geht von einem ungefähren Wert aus, den man entsprechend der aktualisierten Präsentation relativieren oder aufstocken kann. Und auch im Großkundenbereich, in dem Jemma bisher tätig gewesen ist, machte eine Million Rand keinen Unterschied, es ist nur eine Zahl, die sich bewegt und verschiebt, wenn man in der Kalkulation einen Fenstergriff oder im Plan eine Wand verändert. Wenn du privat ein Haus baust, ist das anders. Du hast genau den Betrag zur Verfügung, den du dir zusammengespart oder als Kredit aufgenommen hast. Er ist real, keine Formel, und fehlt dir am Ende eine Differenzsumme, fehlen deinem Haus die Türen. Natürlich habe ich einen Fallschirm eingeplant, einen doppelten Boden, sollte sich der Bau verzögern oder etwas, das niemand von uns beeinflussen kann, wirklich schiefgehen. Mein Fallschirm ist für einen unerwarteten Erdrutsch oder starke Regenfälle, für zerbrochene Fenster geplant. Nicht für ein zweites Schlafzimmer – *mit Badewanne.*

»Noch haben wir ja aber kein Angebot für die Cabin, noch ist es ein Plan, und wir können mit jeder Version an eine Baufirma herantreten. Erst wenn die uns ein paar Preise nennen, wissen wir, wo wir wirklich sparen müssen. Aber mal ganz grob gesagt: Mehr Platz kostet nicht unbedingt mehr Geld. Das sind vielleicht vier oder sechs Wände mehr, die mit ein paar Steinen und Putz hochgezogen werden, das kostet nicht mehr als zwei Tage Zeit, und du hast einen zweiten Raum.«

»Wirklich?«

»Ich bin mir sogar ziemlich sicher, wenn du die Fliesen aus Bad und Küche streichst, hast du die Kosten für ein zweites Schlafzimmer sozusagen wieder drin.« Sie nimmt einen Schluck Kaffee und sieht mich abwartend an.

»Aber ein zweites Schlafzimmer heißt ja auch ein zweites Badezimmer oder zumindest eine Toilette, mehr Türen, mehr Fenster, mehr Einrichtung ...«

»Es gibt einen südafrikanischen Spruch, den du dir unbedingt für die gesamte Bauzeit merken solltest: *We cross that bridge once we get there!* Bis zur Einrichtung der Cabin ist noch so viel Zeit.

Bis dahin fällt dir längst eine Lösung ein.« Als sie mich zögern sieht, gibt sie mir einen Schubs gegen die Schulter. »Hey! Jetzt vertrau mir mal. Wir haben so viele Optionen, an günstigere oder sogar nachhaltigere Materialien zu kommen, indem wir auch nach Secondhand-Lösungen schauen, zum Beispiel Baumaterialien von früheren Abrissprojekten einkaufen und neu verbauen oder an den Stellen sparen, die optisch nicht für das Endprodukt erkennbar sind. Du kannst dir gar nicht vorstellen, wie viel Spielraum ich dir als Architektin geben kann und vor allem wie viel Zeit und auch Misskommunikation du dir auf deiner Baustelle sparst, wenn du mich hast, die dir nicht nur zur Seite steht, sondern solche Dinge auch einfach abnimmt. Die Kosten für so ein zweites Zimmer kriegen wir locker an anderen Stellen absorbiert – und selbst wenn du ein bisschen mehr einplanen und an anderer Stelle einsparen musst, überleg mal, wie viele neue Möglichkeiten dir dieser zusätzliche Raum gibt.«

Jemma hebt ihre Hand, und ich schlage vorsichtig ein.

»Okay, *let's go for the diamond version!*«, sage ich schließlich und grinse sie an.

»Ich hab dir doch gesagt, ich will das Projekt nicht nur mit dir umsetzen, sondern dir helfen, deine Cabin auf das bestmögliche Level zu bringen. *I got you!*«

***

Gegen Abend sendet mir Jemma ein paar Adressen und Informationen über den Bau mit *repurposed material* zu, also Baustoffen, die für ein zweites Leben in einem neuen Projekt nutzbar sind. Statt jeden Stein oder auch Stahl, am Ende sogar Fensterscheiben neu zu kaufen, kann man sie auch gebraucht finden. Der Nachteil? Wir müssen ein bisschen mehr Aufwand betreiben, mehr Recherche und Zeit in die Beschaffung stecken, als nur eine Bestellung aufzugeben, aber rein baulich macht es keinen Unterschied. Wenn ein Stein schon einmal eine Wand getragen hat, wird er es auch wieder tun, und da wir die Wände später verputzen, ist es vollkommen unwichtig, wie die Steine aussehen, die wir verbauen. Aber nicht nur gebrauchte Materialien sind eine bewusste Möglichkeit, nachhaltiger zu bauen und dabei Kosten einzusparen, auch Armaturen, Waschbecken oder sogar *Badewannen* kann man secondhand einkaufen und gegebenenfalls aufarbeiten lassen. Letztere finde ich besonders häufig, als ich mich durch den Facebook Marketplace klicke, der hier in Südafrika die Kleinanzeigen von eBay vollkommen ersetzt hat. Wer auch immer etwas anzubieten hat und dabei kein Store ist, findet sich auf Marketplace.

Das Problem? Während ich bei einem Sessel oder einer Lampe genau weiß, worauf ich zu achten habe, um ein Schnäppchen zu machen, und die Begriffe kenne, mit denen man am besten nach den *hidden gems* sucht, habe ich bei Wasserhähnen und Spülbecken nicht die geringste Ahnung. Tatsächlich fällt mir aber ausgerechnet eine Badewanne ins Auge, die mir sofort gefällt. *Tony the Tub Guy* nennt sich der Verkäufer, der ausschließlich positive Bewertungen aufweisen kann. Er bietet eine frei stehende cremeweiße Badewanne an, die genauso minimalistisch und modern designt ist, wie wir es in den verschiedenen Stores gesehen haben. Statt 27.000 Rand will Tony gerade einmal 6.000 Rand für die Badewanne haben. Dafür ist sie natürlich nicht aus Stein, sondern aus Acryl, aber das ist auch schon der einzige Unterschied. Die Maße passen, die Bilder sehen authentisch aus.

»Hey, Tony«, tippe ich. »Ist die Badewanne noch zu haben?«

Er antwortet binnen Minuten. »Ja, ich kann sie dir für 24 Stunden reservieren, wenn du vorbeikommen willst, um sie dir anzuschauen. Danach kann ich sie dir noch einmal 24 Stunden reservieren, um sie abzuholen – liefern kann ich leider nicht ...«

Tony wirkt routiniert. Noch bevor ich überhaupt zustimme, tippt er mir eine Adresse in das Chatfenster. Google Maps verrät mir, dass sich der Standort in Khayelitsha befindet, einem der größten Townships Kapstadts. Es liegt am Stadtrand und ist Teil der Cape Flats, eines dicht besiedelten, flachen Gebiets mit einer unfassbar ungerechten Geschichte. Ab den 1950er-Jahren wurden auf dem damals unbebauten Stück Land Wohngebiete für schwarze Südafrikaner*innen und *coloureds** angelegt, die im Zuge der Apartheid aus dem Zentrum der Stadt vertrieben worden waren. Heute haben sich in vielen der Siedlungen, aber vor allem in den zwei größten Townships im Western Cape, Khayelitsha und Gugulethu, kommunale und Infrastrukturen sowie Versorgungswege stabilisiert. Dennoch bleiben die Cape Flats, gerade für mich als privilegierte, beschützt aufgewachsene Europäerin mit deutschem Pass und weißer Haut, ein lebendiges, unumgängliches Mahnmal für die strukturelle Unterdrückung und die Ungleichheit, die Südafrika gezeichnet hat. Die Cape Flats sind ein Teil Kapstadts, sie können nicht einfach ignoriert oder isoliert werden wie ein Ort, von dem man weiß, aber den man dennoch immer wieder von sich wegschiebt, den Locals meiden, den Tourist*innen fürchten oder aus Neugierde besuchen, von dem Reporter*innen berichten, meistens drastisch oder dramatisch – aber dem wir so selten auf Augenhöhe begegnen.

Tonys Vorschlag, sich in Khayelitsha zu treffen, würde auch heute noch bei vielen Locals Warnsignale und innere Ablehnung auslösen. Zu gefährlich, zu unsicher, vor allem für Frauen, erst recht allein und ohne Begleitung. Letzteren Zweifel unterschreibe auch ich, allerdings nicht so sehr, weil Tony in einem Township lebt, sondern weil ich mich generell nie mit einem fremden Mann, den ich lediglich über ein Chatportal oder eine Kleinanzeige kenne,

---

* Als *coloureds* bezeichnet man in Südafrika eine Bevölkerungsgruppe, die kulturell und ethnisch divers zusammengesetzt ist.

»Sonnenaufgang: Die Berge gewinnen mit jeder weiteren Minute an Intensität, als würden sie Stück für Stück vom Sonnenlicht ausgemalt werden.«

01 Das Mount Bain Nature Reserve, Plot 28 **02** Proteawälder, ein essentieller Teil der Fynboslandschaft **03** Chris und Lina während eines Spaziergangs über das Grundstück

Woher der Mut kommt. Ich will in drei Jahren nicht zurückblicken und denken: Es hätte eigentlich so großartig, es hätte vielleicht sogar einer der besten Momente für mich sein können – aber ich habe mich einfach nicht getraut, ich habe es nicht geschafft zu springen.

In drei Jahren will ich viel lieber erzählen, wie die Angst versucht hat, mich von den **wirklich guten Entscheidungen meines Lebens abzuhalten, aber ich habe sie einfach nicht gelassen.**

»Es ist ein Gefühl, ein innerer Kompass, der ausschlägt, den ich niemals wieder ignorieren würde. Ich wusste in dieser Sekunde, dass dies nicht nur der Moment war, die Hacken zusammenzuschlagen, sondern sie einzugraben.«
Lina über die Entscheidung, ein Grundstück in Südafrika zu kaufen.

Trust the process

01 Zwischen Juli 2021 und März 2022 wurde die Oomblik Cabin gebaut.

02 Ständiger Begleiter während der wöchentlichen Besichtigungsfahrten: Dackel Karsten.

02

01

01 Kiespfade und duftender Fynbos – der Weg zur Baustelle an einem Sommermorgen im Dezember 2021

02 Ein Baboon (deutsch: Pavian) döst in der Sonne auf dem Dach der Cabin

03 Hier wächst ein Moment, die Oomblik Cabin während der Rohbauphase

01

2

03

Let's leave it all behind: 01 Netzempfang hat man im Reservat nur spärlich, vielleicht macht aber auch gerade das die besondere Ruhe dieses Ortes aus. **02** Mehr als 350 Fynbosarten wachsen in der Umgebung von Bainskloof, einige davon sogar nirgends sonst in Südafrika. **03** Lina während einer Begehung, später wird hier die Badewanne stehen und einen der schönsten Aussichtspunkte über das Tal bieten.

Bilder: Lina Mallon und Magdalena Mayova

in einer mir vollkommen unbekannten Gegend verabreden würde. Nicht in Hamburg, nicht in Kapstadt.

»Lass mich doch die Badewanne anschauen. Und wenn sie passt, kann ich sie ja auch direkt mitnehmen«, schlägt Chris mir abends vor, als wir zusammen noch ein Bier auf der Bree Street trinken gehen. (Einer der wenigen Vorteile, wenn du einen Südafrikaner mit Bakkie datest. Er findest zwar nie einen Parkplatz, ist Teil des Verkehrsproblems der Innenstadt, schuldet dem Tankwart sein Erstgeborenes, nachdem er Benzin für einen Roadtrip aufgefüllt hat, aber hey, sollte er jemals eine Badewanne abholen müssen, ist das auch spontan kein Problem.) Nachdem ich ihm Tonys Nummer gegeben habe, machen die beiden ein Treffen für den kommenden Nachmittag aus.

»Okay, ich bin da. Also zumindest glaube ich das«, schreibt Chris mir am nächsten Tag und sendet dazu noch ein Foto eines Hauseingangs, den ich natürlich noch nie in meinem Leben gesehen habe. »Es macht nur niemand auf.«

»Hast du versucht, Tony anzurufen?«

»Ja, aber er geht nicht ran.«

»Mist. Und du bist sicher, dass du an der richtigen Adresse bist?«

»Ich bin einfach dem Standort gefolgt, den er mir geschickt hat. Aber hier ist niemand.«

Ich lasse die Schultern sinken. Es ist das klassische Kleinanzeigenproblem, entweder bist du da, aber der Verkäufer nicht, oder aber du und deine Ware müssen sich nach einer guten Stunde Wartezeit eingestehen, dass ihr geghostet wurdet. Ich wurde selten öfter versetzt als bei dem Versuch, mein Sofa zu verkaufen.

»Ich versuche ihn auch noch mal zu erreichen«, tippe ich und kopiere kurz darauf Tonys Nummer aus unserer Konversation, um ihn anzurufen. Mailbox. Noch einmal Mailbox. »Sieht schlecht aus«, texte ich an Chris. »Entschuldige, dass du jetzt ganz umsonst rausgefahren bist.«

Ich warte darauf, dass er die Nachrichten liest, dass die zwei Haken sich blau färben, aber Chris scheint sein Handy wieder in die Tasche gesteckt zu haben.

Als er sich auch eine Dreiviertelstunde später noch nicht zurückgemeldet hat, versuche ich es noch einmal. »Hast du ihn doch noch gefunden?« Dieses Mal kann mein Text nicht mal zugestellt werden. Ich spüre, wie ein Gefühl in mir hochsteigt, das ich zuerst noch nicht einordnen kann. Ist es nur Ungeduld? Kribbelt in mir auf einmal doch Unsicherheit? Oder Nervosität? Als Chris zum letzten Mal allein mit dem Bakkie die gut 1.200 Kilometer von Kapstadt nach Ermelo gefahren ist und entschied, nicht über Nacht haltzumachen, sondern die letzten drei Stunden bis zum Ziel durch die Dunkelheit zu fahren, und ich dann erst am nächsten Morgen wieder von ihm hörte, habe ich mich ähnlich gefühlt. Ich hatte gewusst, dass er die Strecke auswendig kannte, hatte gewusst, dass es sogar sicherer war, wenn er sich auf die Straße und nicht den Bildschirm konzentrierte, hatte angenommen, dass er spät nach Mitternacht angekommen und wahrscheinlich ins Bett gefallen war, ohne auch nur in seinem Rucksack nach dem Ladegerät für das vermutlich erschöpfte Handy zu suchen. Und dennoch, meine Fantasie hatte mich schlecht schlafen lassen. Es war dieselbe Fantasie, die mich manchmal wach hält, wenn eine Freundin mir nach dem Ende einer Party, die wir nicht gemeinsam verlassen haben, nicht Bescheid gibt, dass sie gut nach Hause gekommen ist, oder die in mir hochschießt, wenn mich eine unbekannte Nummer um halb sechs Uhr morgens aus dem Schlaf reißt und den Anruf beendet, bevor ich ihn überhaupt annehmen kann. Es ist meistens ein Scam, ein Gewinnspielaufruf, mein Kopf weiß das, aber mein Innerstes wühlt sich trotzdem auf …

Ich versuche, meiner Fantasie den Weg abzuschneiden. *Was genau male ich mir denn gerade aus?* Dass Chris in Khayelitsha etwas passiert sein könnte? Nur weil er meine Nachrichten nicht mehr beantwortet oder empfangen kann? Wirklich? *Hör auf damit,* denke ich und versuche, dieses klamme Gefühl, das sich gerade in meinen Nacken legen will, abzuschütteln. Ich lege mein Handy zur Seite, mache mir einen Kaffee, setze mich zurück an meine Arbeit und konzentriere mich auf die Recherche für einen neuen Artikel, an dem ich gerade arbeite. Eigentlich ist es absurd. Wir haben uns so sehr an die ständige Erreichbarkeit, an die permanente Verfügbarkeit gewöhnt, dass wir es entweder als Beleidigung oder Bedrohung empfinden, wenn sie auf einmal nicht mehr besteht. Und dennoch, wann immer mein Handy neben mir vibriert, zuckt mein Blick. Nur eine Facebook-Benachrichtigung, nur eine *Direct Message* auf Instagram, nur ein Meme, auf dem ich getagged worden bin, nur eine Gruppenunterhaltung auf WhatsApp, die eigentlich hätte stumm bleiben sollen, nur ein kurzer Text einer Kollegin, die mich fragt, wann sie mit meinem Konzept rechnen kann, dann eine *Voice Note* von Chris. *Was?*

»Entschuldige, dass ich mich jetzt erst melde. Irgendwie war zwischendurch der Empfang weg«, sagt er. »Und das Ganze hat jetzt alles ein bisschen länger gedauert, aber die guten Neuigkeiten zuerst: Die Badewanne sieht großartig aus, und wenn du Tony schnell das Geld per eWallet* rüberschickst, kann ich sie auch sofort mitnehmen. Ich hab dir auch ein paar Bilder geschickt, keine Ahnung, ob die durchgehen. Aber vertrau mir, sie ist genau das, was du willst.«

***

Nachdem Chris an Tonys Adresse niemanden angetroffen hatte, war er die Straße bis zum nächsten kleinen Shop entlanggelaufen und hatte nach »Tony the Tub Guy« gefragt. Zuerst hatte niemand mit

---

* eWallet ist eine Möglichkeit, Geld in Südafrika zu transferieren, das sofort zur Auszahlung an einem Bankautomaten bereitsteht. Der Empfänger kann die Summe mit einem per SMS gesendeten Code an einem Geldautomaten abheben.

diesem Namen etwas anzufangen gewusst, bis Chris schließlich vor einem Pub auf ein paar Männer traf, die genau zu wissen schienen, wen er meinte. Einer von ihnen lief los und kehrte mit einer älteren Frau namens Nceba zurück, die er als Tonys Mutter vorstellte. Nceba lief mit Chris zurück zu dem Haus, das auch Tony ihm als Adresse genannt hatte, öffnete für ihn die Tür und deutete ihm, sich auf eines der Sofas zu setzen. Chris schätzte Nceba auf vielleicht sechzig oder siebzig Jahre, sie sprach kaum Englisch, sondern nur ihre Muttersprache isiXhosa, eine der zwölf amtlichen Landessprachen Südafrikas und gleichzeitig nach Zulu die zweithäufigste. Gut zehn Millionen Einwohner*innen Südafrikas sprechen isiXhosa als erste und noch einmal zwölf weitere Millionen als zweite Sprache. Nceba machte zuerst Kaffee, dann stellte sie Gebäck auf den Tisch und setzte sich ebenfalls. Es brauchte nicht viele Worte, um zu verstehen, dass beide hier auf ihren Sohn warten würden, wenn auch nicht ganz klar war, wann er zurückkommen würde.

Gut eine halbe Stunde später tauchte derselbe Mann auf, den Chris vorhin vor dem Pub getroffen hatte, er grüßte kurz durch die Tür und machte dann Platz für einen zweiten Mann – Tony. Dieser hieß eigentlich Ntando – so begrüßte ihn seiner Mutter –, aber wurde lieber »Tony« gerufen.

»Sie sagt nur Ntando, wenn sie gerade wütend auf mich ist«, erklärte er Chris und entschuldigte sich für seine Verspätung. »Sie mag es nicht, wenn ich Verabredungen nicht einhalte, aber – ich bin ja da.«

Er führte Chris in den Garten hinter dem Haus, in dem er sich eine Art Workshop eingerichtet hatte. »Ich hole mir die Wannen einfach vom Schrottplatz, manchmal liefern sie da auch welche ab, die nur ein paar Kratzer haben oder irgendwo ein Loch. Wenn du schnell bist, bekommst du die besten Sachen. Ich repariere sie dann hier, schleife sie ab und verkleide sie neu mit Acryl. Ich schaffe so ein bis zwei Wannen in der Woche. Wenn dir hier nichts gefällt, kann ich auch versuchen, für dich eine Form zu finden, die besser passt, und sie dir aufarbeiten. *Your call.*«

Es ist das erste Stück, das ich je für Oomblik gekauft habe. Eine Badewanne, noch bevor der Plan für ein zweites Schlafzimmer überhaupt steht, noch bevor ich wirklich sicher bin, wo sie ihren Platz finden wird. Ich vertraute auf Chris' Urteil und auf mein Bauchgefühl.

Spoiler: Tonys Tub steht heute genau da, wo Maggs sie in ihrer Vorstellung gesehen hat. Vor einer großen Fensterfront, mit einem weiten Blick auf das Reservat und das angrenzende Breedetal. Ich selbst habe zwar noch nie darin gesessen, aber Maggs dafür schon viele Male, immer mit einem Glas Wein in der Hand, immer in den letzten Momenten des Tages, um die beginnende Stille des Abends und die pinke Farbe des Himmels noch einmal ganz ungestört zu genießen.

Speeddating

»Okay, den schnellsten Weg aus der Stadt heraus und dann den miesen Kaffee an einer Tankstelle – oder den guten Kaffee, dafür aber eventuell den Stau auf dem Zubringer zur N1 riskieren?«, fragt Jemma mich zur Begrüßung, als ich gerade die Autotür hinter mir zuziehe und mich in den Sitz neben ihr fallen lasse. Es ist sechs Uhr dreißig und sie holt mich vor meiner Haustür ab, um mit mir noch einmal gemeinsam den unbebauten Plot zu besichtigen und gleichzeitig fünf verschiedene Contractor zu treffen, die sie in den letzten Wochen angesprochen und denen sie unsere ersten Pläne vorgestellt hat.

»Den guten Kaffee«, antworte ich und navigiere sie über die Bree und Loop bis zum Kamil Coffee auf der Long Street, einem der wenigen Coffee Shops, die um halb sieben schon geöffnet haben und anständigen Kaffee servieren. Gerade einmal drei Minuten dauert es, bis Kwame uns zwei Flat Whites in die To-go-Becher gefüllt hat und wir unsere eigentliche Fahrt fortsetzen können. Während Jemma sich durch den zähen Verkehr der Innenstadt arbeitet, werfe ich einen Blick auf ihre Notizen, die zusammengeheftet in der Mittelkonsole liegen. »Wie sieht der Plan für heute aus?«

Jemma nimmt einen vorsichtigen Schluck aus dem noch dampfenden Becher und setzt den Blinker zum Highway. »Zuerst schauen wir uns die Lage der Cabin an. Ich hab mich ja letzte Woche mit dem Landvermesser auf dem Bauland getroffen und einmal abgesteckt, was du mir aufgezeichnet hattest. Wenn du uns heute das Okay gibst, können wir die Pläne updaten und unsere Bauposition einzeichnen. Dann haben außerdem fünf Firmen zugesagt, uns heute auf dem Plot zu treffen und sich ein Bild von der Umgebung und dem Entwurf zu machen.«

»Fünf?«, frage ich überrascht nach.

»Ganz genau, zwei werden vermutlich nicht auftauchen, das ist leider der Standard, und die anderen drei bekommen hoffentlich das Gefühl, dass sie in Konkurrenz zueinander stehen und uns ein wirklich gutes Angebot machen müssen. Ich gehe fest davon aus, dass alle planen, gut dreißig Prozent zu hoch anzusetzen, und unser Budget absichtlich übersteigen, um auszuloten, wie viel wir ihnen entgegenkommen können – wenn wir denn wollen. Aber immer dann, wenn die direkte Konkurrenz nicht nur eine E-Mail ist, sondern in Fleisch und Blut neben ihnen steht, ändert sich die Dynamik vollkommen. Und genau darauf zielen wir heute ab.«

Jemma beschleunigt den Wagen aus der Auffahrt hinaus und setzt über in die rechte Spur, um ein paar langsamere Fahrzeuge zu überholen, dann haben wir freie Bahn. Sie zündet sich eine Zigarette an und öffnet die Fenster, ich genieße den noch kühlen Fahrtwind, der mir um die Nase weht. Es ist so viel schneller März geworden, als ich es begreifen kann. Eben erst habe ich ein Stück Land gekauft, dann darauf gewartet, es zum ersten Mal zu betreten, gerade noch mit ein paar Zeichnungen begonnen, während zehn Monate nicht einfach nur rasend schnell an mir vorbeigezogen sind, sondern mich dabei so ausgefüllt, so mitgetragen haben, dass mir kaum aufgefallen ist, wie weit sie mich schon getragen haben. Zugegeben, als ich das Land gekauft habe, habe ich naiv gehofft, noch im selben Jahr mit dem Bau beginnen zu können. Die Projekte, die ich angehe, setze ich meistens binnen Wochen oder aber maximal weniger Monate um, selbst meine Bücher schreibe ich intensiv und konzentriert herunter, die einzige Person, die das Manuskript antreiben oder verzögern kann, bin ich selbst. Eine so lange und vor allem fremdbestimmte Vorlaufzeit bin ich nicht gewohnt, und ich tue mich generell ein bisschen schwer damit, so viel Geduld für die einzelnen

Schritte aufzubringen, die mich zwar alle näher an mein Ziel bringen, aber trotzdem nur ein Prolog sind, bevor die eigentliche Arbeit endlich beginnen kann.

Erst vor Kurzem habe ich nach einem langen Arbeitstag mit einem Glas Wein im Fenster meines kleinen Apartments gesessen und eine Erfolgsgeschichte gelesen, die mich innerlich noch die nächsten Tage über dahin gehend verunsicherte, ob mein Plan, meine Entscheidung wirklich die richtige war. Binnen weniger Wochen hatte ein Paar, das ebenfalls in der Nähe von Bain's Kloof Land gekauft hatte, eine kleine Cabin aus Holz erst entworfen und dann realisiert. Während Jemma mit dem Statiker noch das Fundament meines Projekts diskutierte, wurde bei dieser Cabin bereits das Dach gedeckt und die Fenster eingesetzt. Social Media überschlug sich mit Lob und Buchungsanfragen, und ich kam nicht umhin, mich von meiner *FOMO* überrollen zu lassen. Ich hatte auf einmal die irrationale Angst, den Anschluss zu verpassen, meinen Traum nicht schnell genug zu verwirklichen und damit Gefahr zu laufen, dass andere ihn aufbrauchten. Natürlich wusste ich es besser, natürlich war mir längst klar, dass ein Traum sich nicht abnutzt, nur weil ihn jemand vor dir lebt. Aber es war ein Symptom unserer schnelllebigen Gesellschaft, bestimmt von Tempo, Trends, stetiger Veränderung und dem endlosen Ticken im Ohr, das uns verlernen ließ, unsere Ungeduld zu ertragen, und uns dazu antrieb, uns zu hetzen, uns so schnell wie möglich zu verwirklichen, zu schaffen, zu leben, ohne dabei überhaupt zu genießen, was noch unverbraucht, was noch nicht durch so viele Gesichter, Hände und Feeds geglitten war.

Ich war nicht frei davon.

Jemma und ich hatten die Entscheidung getroffen, nicht aus Holz, sondern mit einer Steinkonstruktion zu bauen. Der Grund dafür war einfach: Die Cabin würde im Reservat den Kräften der Natur ausgesetzt sein, dem Wind, dem Regen, der Sonne – und auch irgendwann wieder dem Feuer. Die Fynbos-Landschaft braucht das, sie erhebt sich nach einem Brand wie der Phönix aus der Asche, die dem Boden wie ein natürlicher Katalysator neue Kraft gibt – gut alle zehn Jahre erwartet man einen Fynbos-Brand in einem Reservat. Im besten Fall werden dabei keine Häuser beschädigt und die Brände zügig in die Berge gelenkt, um ihnen dort die Kraft zu entziehen und sie schließlich unter Kontrolle zu bringen. Garantieren kann das aber niemand. Ein solches Feuer würde sich unerbittlich durch eine Holzkonstruktion fressen, Stein hingegen wird sich länger widersetzen können. Und dann ist es auch noch der Look. Ich hatte in den letzten Monaten so viele Cabins aus Holz und mit großem A-Rahmen recherchiert und diskutiert, dass ich mich vollkommen daran sattgesehen hatte. In meinem Kopf hatte sich ein cleanerer, minimalistischer Look festgesetzt, beeinflusst von der traditionellen Bauweise der südafrikanischen Farmhäuser, die man vor allem in der Karoo, aber auch an der nordwestlichen Grenze zu Namibia findet. Ich hatte mich in die organischen Strukturen auf reinweißen Flächen verliebt, in den unberührten, ruhigen Canvas, den sie vor allem aus der Ferne ausstrahlen, ohne dabei die Integrität der Natur zu brechen.

Während der restlichen Fahrt ist Jemma ununterbrochen in Meetings oder hält Rücksprache mit ihrem Backoffice in der Stadt, mit einem Kopfhörer im Ohr navigiert sie uns über den Highway und gleichzeitig Kunden durch Grundrisse und Materialentscheidungen. Als ich an der letzten Tankstelle kurz ein paar Sandwiches für uns kaufe und sie zum Auto bringe, finde ich Jemma mit aufgeklapptem MacBook auf dem Schoß vor. Sie streicht sich die Locken aus der Stirn und tippt konzentriert Parameter in eine Kalkulation.

»Sorry«, sagt sie, ohne aufzuschauen. »Ich wollte nur kurz den Moment nutzen und die Mail raushauen, bevor uns nachher der Empfang abbricht.«

Seit unserem ersten Treffen habe ich Jemma niemals nicht arbeitend, nicht denkend, nicht planend oder mindestens mit der

Hälfte ihrer Gedanken in ein Projekt vertieft angetroffen. Sie lebt die Architektur, scheint die Herausforderungen der Selbstständigkeit mühelos zu schultern und hat Multitasking schlicht zu einem Teil von sich gemacht.

Als wir gerade die letzten Kilometer auf der Landstraße zurücklegen, erhält sie einen Anruf von einem der Contractor, mit denen wir uns in gut einer Stunde auf dem Grundstück treffen wollen. Er entschuldigt sich für die kurzfristige Absage und fragt nach einem Ausweichtermin.

»Kein Thema«, antwortet Jemma kurz. »Aber ich gehe davon aus, dass wir heute unseren Contractor finden werden und leider keine zweiten Termine mehr vergeben müssen. Sollte sich etwas ändern, melde ich mich natürlich wieder.« Danach legt sie auf.

»Glaubst du wirklich, dass es heute direkt passt?«, frage ich sie und sie grinst mich an.

»Ich glaube das nicht, ich weiß es. Ich habe alle verfügbaren Firmen intensiv durchgesiebt und daraus die fünf besten gewählt. Irgendjemand ist auf jeden Fall dabei. Und mal ganz abgesehen davon, jemand, der so kurzfristig ein geplantes Meeting für einen Job nahe an einer Million Rand absagt, der verspielt seine Chance bei mir. Ich habe keine Zeit für Unzuverlässigkeiten oder faule Ausreden. Wir sind dabei, ein Haus zu bauen, und jeder, der ein Teil dieses Projekts sein will, gibt besser hundert Prozent.«

***

Das erste Fahrzeug, das sich über den staubigen Boden bis zu uns auf den Plot schiebt, gehört Johann de Beer und seinem Sohn Jaco. Beide tragen Kakishorts und dazu passende Hemden, in Kombination mit ihren kräftigen Staturen lässt das Outfit sie ein bisschen wie Rugbyspieler im Trainingscamp wirken. Ich erwidere Johanns festen Händedruck, von dem ich vermute, dass er mich einstimmen soll.

Ich bin in meinem Job schon oft Männern begegnet, die Frauen gern mit einem besonders festen Händedruck überraschen. Dabei war ich mir nie ganz sicher, ob es darum ging, ein Revier zu markieren oder eine Reaktion zu provozieren, aber ich hatte von Anfang an keine Scheu davor, genauso entschlossen die Hand meines Gegenübers zu fassen wie er die meine. Manchmal machte ich mir sogar einen Spaß aus dem absehbaren Ritual und hielt genau in dem Moment, in dem der andere sich lösen wollte, noch ein bisschen länger fest.

Johanns Sohn scheint mich zu durchschauen und grinst mich über die Schulter seines Vaters an. Letzterer wirkt nachhaltig irritiert, dass ihn hier zwei Frauen Anfang dreißig und nicht etwa Vertreter seines eigenen Geschlechts begrüßen. Während Jemma ihm ein Klemmbrett mit Projektinformationen reicht, schaut er sich fragend um. »Ist der Eigentümer heute gar nicht dabei?« In mir steigen Erinnerungen an Riaan van de Bout und Alan Smith hoch, aber bevor mein Gesichtsausdruck mich verraten könnte, antwortet Jemma, ohne Johann dabei anzusehen: »Die Alleineigentümerin steht vor Ihnen, Frau Mallon hat das Grundstück selbstständig erworben. Wenn Sie möchten, kann ich Sie ja schon einmal mit ein paar Fakten abholen, bevor wir die Baufläche begehen?«

Während Jemma die beiden Männer über den Plot und durch die Pläne führt, unterbricht Johann sie immer wieder mit Fragen. Oder besser gesagt: Er fragt sie ab.

»Wie hoch wird der Bau?«

»Nicht höher als sechs Meter, wie in den Regularien der *HOA* festgelegt.«

»Korrekt – woher würden wir das nötige Wasser in der Bauphase beziehen?«

»Bohrungen sind im Reservat verboten, daher fangen wir das Wasser, das uns die Berge in das Breedetal schickt, auf und speichern es in zwei unabhängigen Tanks.«

»Sehr richtig – wie kommen wir an Strom?«

»Der Bau speist sich zu hundert Prozent aus Solarzellen, während der Bauarbeiten ist ein mobiler Generator die vermutlich beste Lösung.«

»Einverstanden – und mit welcher Maximallast dürfen wir die Straßen belasten?«

»Nicht mehr als vier Tonnen, was bedeutet, dass viele Materialien entweder umgelaufen oder in mehreren Runden angeliefert werden müssen.«

Ich bin mir sicher, dass Johann sich jede seiner Fragen auch hätte selbst beantworten können, aber darum scheint es gar nicht zu gehen. Vielmehr will er Jemma testen, und erst als er irgendwann zufrieden beschließt, dass sie ihren Jobtitel zumindest in dieser kurzen Anhörung erfolgreich verteidigt hat, beginnt er zuzuhören und schließlich die erste Seite auf dem Klemmbrett umzuschlagen.

Während Jaco und Johann den Plot noch einmal ohne uns ablaufen, begrüßt Jemma Andries Steyn, der uns nicht weniger energisch begrüßt als seine Vorgänger, wobei ich schnell bemerke, dass er nicht uns, sondern die Konkurrenz zu beeindrucken versucht. Immer wieder schaut er zu den beiden Männern hinüber und spricht besonders laut über seine Kompetenzen und Visionen, wann immer sie in Hörweite sind. Andries redet von einer Maximalbauzeit von drei Monaten, davon, dass er den Bau mit sechs Arbeitern *angreifen* und noch vor unserer Deadline fertigstellen will, er zeichnet auf seinem Plan mit schnellen, kraftvollen Strichen Erweiterungen, Lösungen und eigene Ideen ein, macht sich Platz auf unserem Bauland und breitet immer wieder die Arme aus, während er seinen Pitch *abliefert*. Andries will diesen Job, vielleicht will er auch einfach nur gewinnen. Später werde ich noch lernen, dass die beinahe aggressive Energie, die er gerade mit so viel Elan und Leidenschaft in unser Meeting pumpt, jederzeit umschlagen kann.

Jemma hat mit ihrer groben Prognose recht behalten, fünf Termine haben wir verabredet, neben dem abgesagten Termin gegen Mittag ist ein weiterer einfach wortlos nicht aufgetaucht. Coenrad, der letzte Contractor an diesem Tag, hat allen anderen einige Jahre Erfahrung im Bauen von Cabins und Häusern in abgelegenen Gebieten voraus. Die Projekte, die er in seinem Portfolio zeigt, haben mir von all unseren Optionen am besten gefallen. »Eins vorweg, damit wir uns direkt richtig verstehen«, beginnt er das Gespräch, nachdem Jemma und er von der Begehung zurückgekommen sind und ich ihm einen Kaffee angeboten habe, den er dankend annimmt. »Wenn ich mit jemandem arbeite, dann nur unter zwei Bedingungen: Erstens, wenn ich sage, dass es nicht funktioniert, funktioniert es nicht, ich baue stabile Häuser, keine windigen Luftschlösser. Zweitens, wenn ich sage, dass es so viel kostet, kostet es so viel, ich habe keine Zeit für lange Diskussionen um die Kosten. Ich bin Contractor, kein Lederhändler.« *Okay, message received.*

***

»Und, wie fühlst du dich?«, fragt Jemma mich, als wir an einem Außentisch im Calabash Bush Pub, der am Fuß des Resorts liegt, Platz nehmen. Bevor ich ihr antworte, bestelle ich bei unserem Kellner einen doppelten Gin Tonic, Jemma ordert eine Weißweinschorle und wir beide jeweils einen Cheeseburger. Vor einer halben Stunde haben wir den Schlagbaum hinter uns heruntergelassen und beschlossen, den Tag nicht ohne eine warme Mahlzeit und einen Drink zu beenden.

»Wie nach einer Speeddating-Erfahrung. Als hätte ich mich durch eine Reihe erster Dates gearbeitet, ohne dass es irgendwie gefunkt hat. Und das wirklich Frustrierende ist: Ich muss trotzdem auf einen Rückruf in zwei oder drei Tagen hoffen.«

Jemma schüttelt lachend den Kopf und fasst kurz nach meiner Hand. »Ich finde, du hast dich für deine erste Contractor-Erfahrung sehr gut gehalten. Und du hast einen guten Einblick in die verschiedenen Typen bekommen, mit denen wir es zu tun haben könnten. Da ist erst einmal Coenrad, ein bisschen arrogant vielleicht, aber mit einer Eins-a-Reputation – und sich dessen ganz klar bewusst. Dann das Vater-Sohn-Duo, das einen Moment brauchte, um sich auf den Gedanken einzulassen, dass zwei Frauen dieses Projekt leiten werden, aber zumindest zum Ende hin sind wir ja miteinander warm geworden. Und schließlich Andries, der gar nicht aufhören wollte, uns das Blaue vom Himmel zu erzählen, um Eindruck zu schinden. Aber um ehrlich zu sein, könnte ich mir vorstellen, dass er am besten zu unserem Projekt passt.«

Als unsere Drinks ankommen, stößt sie kurz mit mir an. Ich nehme einen tiefen Zug aus meinem Glas und lasse die Kombination aus frischem Tonic, Zitrus und Wacholderbeere auf meinen Gaumen wirken. »Ich weiß nicht«, antworte ich. »Ich hatte irgendwie nicht das Gefühl, dass sich auch nur einer von denen im Ansatz für mich oder besser gesagt für mein Projekt und meine Vision interessiert hat. Ich hatte nicht das Gefühl, dass die wirklich verstehen wollen, was ich mit diesem Stück Land machen will. Es gab keine einzige Frage in diese Richtung. Die meiste Zeit waren sie damit beschäftigt, ihr Revier entweder für uns oder gegeneinander abzustecken.«

»Sie sollen deine Vision auch nicht verstehen, sie sollen sie bauen. Du siehst das viel zu idealistisch. Es ist egal, wie sie deine Entscheidungen interpretieren, solang sie den Plan lesen und sie umsetzen können. Bist du immer so idealistisch?«, fragt sie mich.

Ich überlege kurz. »Ja. Ich bin mit diesem Projekt genauso idealistisch wie mit einem Manuskript, das ich schreibe, oder einem Foto, das ich aufnehme. Ich warte stundenlang auf das perfekte Licht, auch wenn das bedeutet, dass ich weit vor dem Sonnenaufgang aufstehen muss. Wenn ich an einem neuen Kapitel arbeite, dann stelle ich Sätze manchmal Hunderte Male um, streite mich mit meinem Verlag über Silbentrennungen oder zusammengestrichene Aufzählungen, die vielen Leser*innen vielleicht nicht einmal fehlen oder auffallen würden. Bevor ich mich auf meine Beziehung zu Chris einlassen konnte, habe ich immer wieder hinterfragt, ob sie mich erweitert oder begrenzt. Wenn ich eine Meinungsverschiedenheit nicht loslassen kann, dann nicht, weil ich so verdammt gern recht habe, sondern weil ich von mir erwarte, bedingungslos für das einzustehen, woran ich glaube. Ich weiß um die pragmatischen Abstriche, die ich während des Baues zulassen muss, aber ich weiß auch, dass ich diesen Entwurf wieder und wieder erst in meinem Kopf und dann auf Papier gezeichnet und verinnerlicht habe und dass ich bereit bin, bezüglich jedes noch so kleinen Details erst eine Entscheidung zu treffen und dann eine Lösung zu finden. Ich weiß, dass viele Menschen glauben, dass Idealist*innen sich selbst behindern. Manchmal stimmt das. Aber ich glaube auch, dass mein Idealismus mir Ziele steckt, dass er mir Biss gibt und Durchhaltevermögen.«

»Klingt wie ein starker innerer Kompass«, sagt Jemma, und ich nicke.

Es stimmt. Mein Idealismus, meine innere Stimme, das Vertrauen in sie und vielleicht auch dieses sture Element in mir, das in der Lage ist, sich gegen so viele Widerstände zu wehren, hat mich hierher navigiert, mich an diesen Ort gebracht, in genau diesen Moment. Ich habe nicht vor, ausgerechnet jetzt damit aufzuhören, dieser Stimme zu folgen.

Stormwater Ditch

Es gibt da diese Liste, irgendwo in einem meiner Notizbücher. Ich habe sie in einem Café in Athen begonnen zu schreiben, das muss schon ein paar Sommer her gewesen sein. Zweifach gefaltet ist sie zwischen den anderen Seiten mitgereist, war immer ein Teil von den Kilometern und Stationen, die ich zurückgelegt habe, und wurde immer dann ergänzt, wenn ich sie wiederfand, noch einmal las und eine weitere Idee, die in jenem Moment noch nicht mehr als eine schnell geschriebene Zeile war, darauf festhielt. Ich verbiete mir, ältere Einträge, die für mich in der Gegenwart keinen Sinn mehr machen, zu streichen. Jeder noch so fixe oder ungeschliffene Gedanke hat sich auf diesem Stück Papier seinen Platz verdient. Und außerdem weiß man nie, ob er sich auf unserem Weg nicht vielleicht eine zweite oder dritte Chance erkämpft.

»Irgendwann ein paar Hühner halten« steht zum Beispiel auf der Liste, »nach Rwanda reisen, um Gorillas zu beobachten«, »lernen, wie man Feta macht«, »während eines Regengusses im Meer schwimmen«, »die Makgadikgadi-Salzpfannen besuchen« oder »auf der Ladefläche eines Pick-ups übernachten«.

Ich habe während einer Reise nach Kreta gelernt, wie man Feta ganz einfach selbst kochen und abhängen kann, im Meer zu schwimmen, während der Sommerregen auf mich herunterprasselt, ist etwas, was ich wieder und wieder tun will und deshalb niemals einfach abstreichen kann, Punkt 18, »auf der Ladefläche eines Pickups übernachten«, ist gerade jetzt, wo ich ein Stück Land und Chris den passenden Ford Ranger hat, in greifbare Nähe gerückt. Fast.

»Ich verstehe nicht, warum wir auf der Ladefläche schlafen müssen«, gibt Chris zu bedenken.

»Weil du dann nachts den Sternenhimmel sehen kannst.«

»Richtig, schutzlos ausgeliefert im Naturreservat.«

»Schutzlos ausgeliefert, gut eineinhalb Meter über dem Boden auf einem zweihundert PS starken Bakkie.«

»Das hilft mir auch nicht, wenn die *baboons** uns nach Sonnenuntergang auflauern.«

Für einen Südafrikaner, der außerhalb der Stadt aufgewachsen ist und regelmäßig Zeit in den Naturreservaten verbringt, um dort zu wandern oder zu angeln, für jemanden, der mit besonderer Vorsicht große Regenspinnen oder Baumschlangen aus den Lodges trägt, entspannt mit Haien schnorchelt und fasziniert barfuß Skorpione aus nächster Nähe betrachtet, hat Chris ein eher angespanntes Verhältnis zum restlichen *wildlife.*

Während es für mich kaum etwas Besondereres geben kann, als den südafrikanischen Busch zu erleben und am liebsten zu Fuß zu erkunden, hält sich Chris bei diesem Vorhaben am liebsten im Hintergrund. Er manövrierte sich entspannt in einem kleinen Kanu über Wasserarme, in denen sich Krokodile tummeln, aber zu Fuß im Busch unterwegs sein und eventuell aus der Ferne eine Herde Elefanten beobachten? Ungern.

»Wenn wir dort übernachten, dann zelten wir!«

»Welchen Unterschied macht denn ein Zelt? Das noch dazu auf dem Boden steht? Also außer dass du anstatt in den klaren Himmel auf eine Stoffschicht schaust?«

»Wir sind geschützt vor Regen, vor Wind ...«

»Du meinst, weil es hier in der Gegend im Sommer so unwahrscheinlich oft unerwartet regnet?«

»... und auch davor, dass eine Horde kleiner Diebe unser Abendessen klaut«, beendet er seinen Satz. »Ein Zelt ist einfach komfortabler als eine Ladefläche.«

---

* Baboons ist das Englische Wort für Paviane.

Als er meinen Blick auffängt, atmet er tief durch. Sicher, meine Vorstellung davon, auf der Ladefläche seines Pick-ups zu schlafen, mag auf den ersten Blick ein bisschen romantisch verklärt erscheinen. Während Regen nicht zu erwarten ist, kann es dennoch windig oder kalt werden, und während es mehr als unwahrscheinlich ist, dass uns *baboons* aktiv angreifen, würde es dennoch ein mulmiges Gefühl auslösen, unerwartet neben ihnen aufzuwachen, klar. Aber deshalb etwas ablehnen, etwas gar nicht erst versuchen, was genauso gut ein magisches Erlebnis sein könnte?

Die erste Nacht auf meinem unberührten Stück Land zu verbringen, der Sonne beim Untergehen zuzusehen, während wir eine Brotzeit teilen und den Kaphonigvögeln dabei zuschauen, wie sie durch die noch warme Luft fegen, später im Schein der Öllampe ein paar Runden Uno zu spielen, uns Geschichten zu erzählen, eine Flasche Rotwein zu öffnen, sie gemeinsam zu leeren und schließlich im warmen Schlafsack, aber mit kalter Nase unter dem Sternenzelt einzuschlafen, das sich im Mount Bain Reservat ungestört von den Lichtern einer Stadt aufspannt und vollkommen still daliegt – das klingt für mich nicht nur in meiner Vorstellung wie etwas, was ich auf keinen Fall verpassen will.

Im schlimmsten Fall (damit meine ich einen Regenguss) werden wir einfach in der Fahrerkabine des Bakkies übernachten und am nächsten Morgen wieder früh zurück nach Kapstadt fahren, um uns dann eben später im eigenen Bett auszuschlafen.

»Okay, okay – gewonnen«, sagt Chris schließlich und hebt entwaffnet die Hände. »Lass uns Samstag einfach das Auto packen und zu einem Lunch in die Weinländer aufbrechen, und wenn das Wetter gut aussieht, fahren wir hoch zum Reservat und versuchen es.«

***

Ich lade unseren Proviant auf die Rückbank des Bakkies und sichere ihn mit einem der Gurte. Neben der Kühltasche rollt sich Phoebe auf unseren Schlafsäcken zusammen und gähnt müde. Bis eben hat sie noch im Schatten der großen Eichenbäume unter unserem Tisch gelegen, während Chris und ich einen ausgiebigen Farm Lunch in meinem Lieblingsrestaurant in der Gegend genossen haben. Eine Dreiviertelstunde Fahrt von Kapstadt entfernt öffnet an fünf Tagen in der Woche der Table at De Meye und tischt in drei Gängen all das auf, was das Western Cape saisonal zu bieten hat. Chef Brandon und seine Verlobte Leigh entwickeln jede Woche ein neues Menü, das sich aus den Zutaten ergibt, die sie selbst anbauen oder die die lokalen Farmer*innen der Gegend gerade im Angebot haben. Zur Vorspeise hat es heute frisch gebackenes Brot mit Salbeibutter gegeben, dazu Rote-Bete-Bulgur und warmen Hummus, der Hauptgang bestand aus knusprig gegrilltem Huhn, dazu grüner Salat auf einem leichten Labneh, gerösteter Blumenkohl mit Cashew-Drizzle und schließlich ein Mille-feuille-Kartoffelgratin, von dem ich noch Wochen später träumen werde. Brandon versteht es, aus einfachen, aber guten und reifen Zutaten ein Essen zu zaubern, das seine Wurzeln in klassisch südafrikanischem *comfort food* hat, aber dabei dennoch immer eine neue Leichtigkeit mitbringt, die jedes noch so simple Gericht zu einem Erlebnis macht. Während des Mittagessens hatte sich selbst der Wind beruhigt, der seit gestern Abend durch das Delta wehte, jetzt liegt es vollkommen still da. Wir haben noch an einem kleinen Farmstop gehalten, um Käse, Wein, Biltong,* ein paar Trauben, frisches Brot und Milch zu kaufen. Damit ist für unser Abendessen und auch das Frühstück am nächsten Morgen gesorgt.

Ich klettere auf den Beifahrersitz und schließe die Tür, während Chris den Motor startet. »Eine Frage hab ich doch«, sage ich, als er

---

* Biltong ist ein aus luftgetrocknetem Rind- oder Wildfleisch bestehendes Trockenfleisch,

uns zurück auf die Landstraße lenkt, die uns von hierher direkt über den Pass zum Mount Bain Reservat führt. »Warum hast du am Ende zugestimmt? Ich meine, du warst so dagegen. Und auf einmal lenkst du ein? Nur weil ich so stur war?«

Er schüttelt lachend den Kopf und sieht mich an. »Also zuerst einmal, ja, du kannst wahnsinnig stur sein. Wenn du dir etwas in den Kopf setzt, dann ist es beinahe unmöglich, es dir wieder auszureden. Aber das ist nicht der Grund, warum ich zugestimmt habe.«

»Welcher ist es dann?«

»Weil ich in den letzten Monaten gelernt habe, dass wir immer dann zusammen den meisten Spaß haben, wenn du dir irgendetwas ausdenkst, irgendeinen absurden Plan machst, der natürlich nie so funktioniert, wie du es dir gedacht hast, aber am Ende der Stoff ist, aus dem unsere besten Erinnerungen gemacht sind.« Er nimmt meine Hand, und ich lächle ihn an. »Als du zum Beispiel in Pafuri darauf bestanden hast, trotz des Regens zu einem *game drive* aufzubrechen, und wir dann schon nach kürzester Zeit nass bis auf die Knochen waren, aber auf einmal in einem der größten Fieberbaumwälder standen, die ich je gesehen habe. Oder als du mich gezwungen hast, mit dir im Morgengrauen auf den offenen Ozean hinauszupaddeln, nach nur drei Stunden Schlaf und zu vielen Tequilas am Abend davor. Ich habe mich die ersten zwanzig Minuten gefragt, warum ich mich habe von dir überreden lassen, bis die Delfine vor uns auftauchten und dann sogar der Südkaper*. Und es war vielleicht nicht das beste Timing, die zwei großen Pizzen mit an den Strand zu nehmen, während der Wind und der Sand uns nur so um die Ohren sausten, aber mit dir zurück zum Auto zu rennen und die Pizza dann einfach dort mit Blick auf die Bay zu essen,

---

* Der Südkaper, auch *Southern Right Whale* genannt, bezeichnet eine Walart aus der Familie der Glattwale. Man begegnet ihm an der südafrikanischen Küste vor allem in den Monaten von September bis November.

war einer der besten Momente der letzten Monate. Du zeigst mir so oft, dass es Spaß macht, sich auch einfach mal in ein paar Situationen hineinzuwerfen und die besten Momente mitzunehmen, wenn sie auf dich zukommen. Dir fällt das so leicht – und ich mag das sehr an dir.«

Ich streiche ihm zur Antwort eine Strähne aus dem Gesicht und gebe ihm einen Kuss auf die Wange.

»Das heißt übrigens nicht, dass ich nicht trotzdem zuerst dein Abendessen opfern werde, wenn uns die *baboons* überraschen.«

***

Wir biegen viel später auf die Zufahrtsstraße zum Reservat, als wir es vorhin noch geplant haben. Beinahe eine Stunde lang haben wir uns auf den engen Passstraßen hinter unzähligen Fahrzeugen eingereiht und uns um die Kurven geschlängelt. Immer wieder stoppte der Verkehr, um entgegenkommenden Wagen auszuweichen. Als ich den Schlagbaum öffne, geht die Sonne bereits unter, und auch der Weg über die Sandstraße fühlt sich dieses Mal beschwerlicher an. Zweimal müssen wir zurücksetzen, bevor die Räder im feinen Kies greifen und wir den steileren Abschnitt meistern können. Durch die lange Trockenzeit des Sommers ist der Boden ausgelaugt und gibt unter dem Druck der Reifen nach. Statt den Sand zusammenzupressen und auf ihm zu rollen, sinken sie ein, sodass schon ein kleiner Fehler ausreicht, um sich festzufahren. Ein bisschen zu wenig Schwung, ein Rad, das seinen Grip verliert oder die Spur verlässt, und der Bakkie hängt fest. Seit Wochen beschweren sich Landeigentümer*innen in E-Mails an die Community über den schlechten Zustand der Straßen und fordern die *HOA* zu sofortigem Handeln auf, bevor es so schlimm wird, dass nur noch Jeeps und Fahrzeuge mit einem Vier-mal-vier-Antrieb eine Chance im Reservat haben. Wie stark sich die *dirt roads* verschlechtert haben, wird uns klar, als wir um die letzte

Kurve biegen und vor uns nicht mal mehr ein Weg, sondern vor allem Schlaglöcher und loser Sand liegen. Einen Moment lang überlege ich, Chris zu stoppen, aber er schaltet bereits herunter, gibt Gas und versucht uns mit der maximalen Antriebskraft des Pick-ups und ausreichender Geschwindigkeit über die letzten vierhundert Meter und damit auf meinen Plot zu bringen. Gerade als sich die Motorhaube über die letzte Anhöhe neigt und ich glaube, dass wir es schaffen, verlieren die Vorderräder ihren Halt. Unkontrolliert schlittern wir, bis Chris das Auto fängt. Als wir wieder in der Spur landen, versucht er es noch einmal, dieses Mal heult der Motor auf, wird jedoch abermals von der Steigung ausgebremst. Als Chris im falschen Moment Gas gibt, gibt es einen dumpfen Ruck, dann sitzen wir fest. »Fuck!«, ruft Chris, lenkt erfolglos nach rechts und links und gibt noch ein paarmal Gas, bevor er aufs Lenkrad schlägt. »Das war's für uns.« Ungeduldig reißt er die Fahrertür auf und springt aus dem Auto. Ich folge ihm, wenn auch zögernd. Es ist nicht das erste Mal, dass ich irgendwo feststecke, dass mein Wagen eine Panne hat oder ein Reifen platzt. Allerdings sind mir noch nie zuvor gleichzeitig das Tageslicht und die Zivilisation ausgegangen.

Chris versucht, die Räder freizugraben, ich laufe ein paar Meter weiter, bis mein Handy Empfang anzeigt, dann rufe ich den einzigen Kontakt an, den ich hier in der Gegend habe.

Surieta gehört der Pub, in dem ich schon den einen oder anderen Drink, zuletzt mit Jemma, zu mir genommen habe. Sie hat mir ihre Nummer gegeben, damit ich sie anrufen und von ihr ein paar Empfehlungen für lokale Arbeiter*innen, Klempner*innen und Elektriker*innen bekommen kann. Sie lebt seit einem Jahrzehnt in der Gegend und ist eng mit der Community vernetzt. »Melde dich aber auch sonst, wann immer du etwas brauchst, der Anfang hier im Reserve kann holprig sein!«, hat sie erst vor ein paar Tagen geschrieben, vermutlich ohne dabei zu wissen, wie schnell ich auf ihr Angebot zurückkommen würde. Es dauert einen Moment, bis sie rangeht und mich durch den Lärm ihrer eigenen Bar und meine schwankende Verbindung hindurch versteht.

»Mist, die meisten Bauern sind abgereist«, sagt sie, nachdem ich ihr unser Problem geschildert habe. »Nach der Ernte zieht es sie für ein paar Monate zurück in die Stadt oder sie machen Urlaub. Ich versuche mal, hier im Pub jemanden aufzutreiben, der euch eventuell rausziehen kann. Gib mir zehn Minuten, ich melde mich!«

Als ich auflege und mich wieder zu Chris umdrehe, steigt er gerade wieder in den Bakkie ein. »Chris! Warte!«, rufe ich. »Ich hab gerade mit Surieta gesprochen, sie schickt uns jemanden, der uns rausziehen kann.« Aber er ignoriert mich und setzt zu einem erneuten Versuch an. Die Räder graben sich nur noch tiefer in die bereits ausgefahrenen Kuhlen, ohne den Wagen auch nur einen Zentimeter in irgendeine Richtung zu bewegen. Fluchend knallt Chris die Tür hinter sich zu, als er wieder aussteigt.

»Hey!« Jetzt ist es an mir, laut zu werden. »Was ist denn los mit dir, wieso verlierst du denn jetzt die Nerven? Meinst du, das macht es besser?«

»Ich verliere die Nerven, weil es dunkel ist und weil wir hier feststecken.«

»Und es wird besser, wenn du hier einfach in die Nacht brüllst und das Auto quälst?«

»Ja, ja, tatsächlich wird es besser, wenn ich wenigstens meinen Frust darüber rauslassen kann, dass es so aussieht, als würden wir die Nacht nicht *romantisch* unter dem Sternenhimmel, sondern auf der gottverdammten *dirt road* verbringen.«

»Darum geht es?«, frage ich und sehe ihn verständnislos an.

Als er nur kopfschüttelnd abwinkt, als wäre jede weitere Unterhaltung mit mir gerade sinnlos, und wieder damit beginnt, die Räder freizulegen, während er »Lass mich jetzt einfach mal ein paar Minuten allein« brummt, ziehe ich meine Strickjacke aus dem Auto, werfe sie mir über die Schultern, greife nach der Lampe und nehme die Flasche Rotwein und ein paar Snacks aus der Kühlbox. »Hätten wir bloß das Zelt mitgenommen, dann wäre das sicher nicht passiert«, würde ich ihm am liebsten im Gehen zurufen, aber ich widerstehe dem Impuls. Stattdessen steige ich wortlos über die lose Erde und biege dann auf einen der Trampelpfade zu meinem Plot ab.

Phoebe folgt mir und setzt sich dicht neben mich, als wir schließlich den Steinvorsprung erreichen und ich mich darauf fallen lasse. Von hier aus haben wir beide den Bakkie genauso gut im Blick wie den aufgehenden Mond, der sich gerade in den klaren Himmel schiebt. Ein letzter Rest Tageslicht hängt noch am Horizont, aber in ein paar Momenten werden die Scheinwerfer des Rangers zu unserer einzigen Lichtquelle auf der Straße werden.

Ich zünde meine Öllampe mit einem Streichholz an und drehe ihre Flamme herunter. Dann öffne ich in ihrem Schein den Rotwein und schenke mir ein Glas ein. Vor ein paar Monaten, als Chris und ich begannen, gemeinsam mehr und mehr in der Natur unterwegs zu sein, habe ich in ein Set aus Edelstahl investiert. Jeweils einen Becher, ein Weinglas, Besteck und einen Teller haben wir im Auto verstaut und seitdem auf jedem unserer Trips dabei.

Ich reiße mir ein Stück Brot ab und lege ein Stück Käse darauf. Eine so simple Kombination, die mich überall auf der Welt und ganz egal, wo ich sie esse, glücklich machen kann. Nach einem zweiten Schluck Wein beginne ich, mich zu entspannen, und lehne mich zurück. Phoebe legt ihren Kopf in meinen Schneidersitz und lässt sich kraulen.

Obwohl oder vielleicht gerade weil unser Abend sich so unerwartet und ungewollt gewendet hat, entscheide ich mich, das zu genießen, was ich in dieser Sekunde wählen kann. Ich kann nicht bestimmen, wann und wie wir das Auto befreien werden, ich kann nicht bestimmen, wie der Abend weitergeht, es liegt nicht in meiner Macht. Ich habe auch nicht bestimmen können, in welchem Zustand die Straße sein würde oder welchen Weg wir hierher zum Plot nehmen müssten, es gibt nur einen. Ich kann nicht kontrollieren, wie Chris reagiert oder ob Surieta Hilfe schicken wird. Alles, was ich gerade entscheiden kann, ist, wie ich die Zeit verbringen will, die in diesem Augenblick vergeht. Gerade während meiner Zeit als Reisejournalistin, die auch von vielen Flugausfällen, Verspätungen, unerwarteten Umwegen, Wartezeiten oder sogar Kofferverlusten geprägt war, habe ich diese Akzeptanz in meine persönliche Stärke umgewandelt. Ich habe gelernt, Situationen, so eng und fremdbestimmt sie sich auch anfühlten, dennoch zu meinen eigenen zu machen.

Hier und jetzt, in dieser Märznacht in Bain's Kloof kann ich entscheiden, dass ich eine kleine Brotzeit genieße und sie mit dem Spaniel teile, ich kann entscheiden, mein Glas Wein zu trinken, die Augen zu schließen und mich kurz von der Ruhe dieses Stück Landes, das von nun an zu mir gehört, verschlucken zu lassen – ein Teil davon zu werden. Dafür bin ich hergekommen.

Ich hebe den Kopf, als ich ein zweites Paar Scheinwerfer in meinem Augenwinkel wahrnehme, das mit jeder Kurve auf- und dann wieder abtaucht. Der Wagen parkt neben unserem, und zwei Personen steigen aus, begrüßen Chris mit einem Händedruck und folgen ihm. Zwei Runden drehen sie um den Bakkie, gestikulieren, schütteln mit dem Kopf und verkreuzen die Arme vor der Brust.

Als ich dazustoße, erkenne ich Surieta, die mich freundlich umarmt und mir ihren Sohn René vorstellt. Während Chris und er Seile an den Achsen des Bakkies montieren, räumen wir größere Steine aus dem Weg und füllen die Schlaglöcher, in die das Auto bei dem Versuch, es zu ziehen, abrutschen könnte, notdürftig mit Steinen auf.

»Es sieht nicht unbedingt gut aus«, gibt auch Surieta zu, als wir zur Seite gehen, um beiden Fahrzeugen Raum zu geben. »Aber wir versuchen es. Vorwärts geht es auf keinen Fall, aber vielleicht kann René euch so weit herausziehen, dass ihr rückwärts bis zur Kreuzung fahren und dann dort wenden könnt. Okay – *here goes nothing* ...« Sie unterbricht sich, als René den Motor startet und die zwei Nylonseile sich zu spannen beginnen. Bei den ersten beiden Anläufen passiert gar nichts, zu tief steckt der Ford im Sand und ist außerdem noch viel schwerer als der kleine Pick-up, mit dem er gezogen wird. Erst beim dritten Versuch beginnt der Bakkie sich knirschend ein paar Zentimeter aus dem Sand herauszubewegen. Ich atme erleichtert aus – nur um die Luft in der gleichen Sekunde wieder anzuhalten. Eines der Räder verliert den Grip und damit Chris und René in der Dunkelheit die Kontrolle. Zwar bremsen beide sofort, aber obwohl die Bremsen blockieren, rutscht der Bakkie seitlich aus der Kurve und kommt erst zum Stillstand, als ihn der *stormwater ditch* auffängt – genauer gesagt: Der Wagen liegt beinahe in einem 45-Grad-Winkel im Graben.

René ist der Erste, der vorsichtig aussteigt, sich am Hinterkopf kratzt und das Gesicht verzieht. »Sieht aus, als müssten wir bis morgen früh warten, *mate*«, sagt er zu Chris und bietet dann an: »Wenn ihr wollt, können wir euch mit runter in den Pub nehmen? Ihr könnt dort etwas Warmes essen, und wir kriegen bestimmt noch ein Zimmer irgendwo organisiert.«

Wir bedanken uns für seinen Vorschlag, aber lehnen ab. Surieta versucht einen Moment lang, darauf zu bestehen, uns wenigstens für die Nacht bei sich einzuquartieren, aber wir versichern ihr, dass wir von Anfang an geplant haben, auf der Ladefläche des Autos zu schlafen. Sicher, im besten Fall hätte es waagerecht auf meinem Grundstück gestanden und nicht schief im Graben gelehnt, aber für uns macht das jetzt auch keinen Unterschied mehr. Surieta verspricht noch, den Abschleppwagen mit dem ersten Morgengrauen anzurufen und uns mit einem Frühstück im Pub zu erwarten, dann verabschieden sie und René sich und machen sich auf den Rückweg ins Tal.

Ich pumpe schweigend die Luftmatratze für uns auf, rolle den Schlafsack aus und richte unser Nachtlager her, während Chris mit dem Rücken an seinem Auto lehnt und raucht. Zuerst schenke ich nur mir ein zweites Glas Wein ein und schlüpfe mit meinen Füßen unter die Decke, um sie ein wenig aufzuwärmen, dann überlege ich es mir anders und hole das zweite Glas aus dem Rucksack. Ich stelle es neben Chris, der erst still einen Schluck nimmt und sich dann zu mir umdreht. »Es tut mir leid.«

Ich zucke zur Antwort mit den Schultern.

»Nein, wirklich. Nicht nur weil ich dich angefahren habe, sondern weil ich einfach so viel länger brauche als du, um unerwartete Wendungen zu akzeptieren, mich darauf einzulassen, um aus einer miesen oder frustrierenden Situation eine bessere zu machen.«

»Wein hilft«, sage ich und deute auf sein Glas. Wir grinsen uns an. »Und außerdem ist der Abend ja noch nicht vorbei. So wie ich das sehe, haben wir noch ein Abendessen und vielleicht drei oder vier Gläser Rotwein übrig und außerdem noch eine offene Rechnung ...« Ich ziehe die kleine Schachtel mit den Uno-Karten aus der Tasche.

Als wir spät nach Mitternacht schließlich den Schlafsack bis zu unseren Gesichtern hochziehen und ich Chris' Nähe und Wärme genieße, während unser Gespräch zu einem letzten Flüstern abebbt, sagt er: »Auch wenn ich noch nicht weiß, wie wir es hier morgen früh wieder herausschaffen, es ist übrigens jetzt schon eine ...«

»Hm ...?«, mache ich schläfrig, ohne dabei die Augen zu öffnen.

»... eine von den guten Erinnerungen.«

PS: Wir sind übrigens am nächsten Morgen tatsächlich binnen kürzester Zeit von einem Schlepper wieder zurück auf die Straße gezogen worden, die Straßen des Mount Bain Nature Reserve sollten aber nicht zum letzten Mal unsere Geduld herausfordern ...

Auszug, April 2022

- ~~ein Buch schreiben~~
- irgendwann ein paar Hühner halten
- lernen, wie man einen Pullover strickt
- 500 Bücher gelesen haben
- ~~ein eigenes Möbelstück bauen~~
- nach Rwanda reisen, um Gorillas zu beobachten
- eine Dinnerparty mit hundert Gästen unter freiem Himmel mitten im Nirgendwo geben
- eine Sea-Bar auf der Insel Tinos eröffnen
- für ein halbes Jahr mit dem Auto den afrikanischen Kontinent erkunden
- einmal im *National Geographic* veröffentlichen
- ~~lernen, wie man Feta herstellt~~
- ein Brettspiel entwickeln
- während eines Regengusses im Meer schwimmen
- die Makgadikgadi-Salzpfannen besuchen
- ~~auf der Ladefläche eines Pick-ups übernachten und die Sterne beobachten~~
- einem Elefanten zu Fuß begegnen
- ~~eine Cabin in Südafrika bauen~~
- ~~eigenen Wein herstellen~~
- einen Boxkampf gewinnen
- ~~den Sonnenaufgang auf einem Hausboot erleben~~

Momentaufnahmen

Wenn jeder Moment vergänglich ist,
zählt dann nichts wirklich oder alles umso mehr?

Für alle diejenigen, die noch nie von Hluhluwe* gehört haben: Es ist eine kleine Stadt im Nordosten Südafrikas, im *district* KwaZulu-Natal, gut drei Fahrstunden von seiner Hauptstadt Durban entfernt. Die N2 führt Reisende von dort 250 Kilometer weit vorrangig durch Zuckerrohr- und Holzplantagen, vorbei an Ananasfarmen (gut 95 Prozent der südafrikanischen Ananasproduktion kommen aus dem Gebiet um Hluhluwe) und Viehwirtschaft in Freilandhaltung. Kleinere Kuhherden oder ein paar vereinzelte Bullen grasen an den Straßenrändern, ihnen achtsam auszuweichen, gehört hier zum Alltag. Anders als Kapstadt und das Western Cape, das vom Atlantischen Ozean stark mediterran beeinflusst wird, herrscht hier an der Ostküste ein subtropisches Klima. Im Sommer und bis in den Herbst hinein heißt das: hohe Temperaturen und beinahe tägliche intensive Regenfälle.

Ich drehe die Lüftung unseres Mietwagens voll auf und richte sie gegen die Windschutzscheibe – mit mäßigem Erfolg.

»Du musst die Temperatur hochdrehen«, sagt Chris. »Die kalte Luft kann die Feuchtigkeit nicht aufnehmen und austauschen.«

In unserem Wagen ist es trotz der Lüftung längst viel zu warm geworden, obwohl die Sonne schon tief am Horizont steht, bleibt die Außentemperatur stabil: 32 Grad, dazu immer wieder Regengüsse, die es uns schwer machen, die Straßenbegrenzungen oder

---

* Aussprache: »schluschlue«.

den entgegenkommenden Verkehr zu erkennen. Statt die Temperatur nun auch noch künstlich hochzudrehen, nutze ich den trockenen Moment und kurble unsere Fenster herunter.

Chris und ich sind auf dem Weg nach Manguzi, um dort ein gemeinsames Wochenende mit seiner Familie in einem Eco-Camp in Gugulesizwe zu verbringen – zwölf Erwachsene, drei Kinder. Obwohl ich mich auf den kleinen Trip in den Dschungel freue, ist die Stimmung im Auto angespannt. Seit unserem Abflug vor ein paar Stunden habe ich mich in mein Handy vergraben, schreibe E-Mails oder nehme Notizen auf, solang mein Akku und die Datenübertragung es zulassen. Chris selbst beantwortet immer wieder Anrufe, klingt am Telefon entweder wütend oder aber beschwichtigend. Für ihn sind es Lieferverzögerungen und Materialknappheit, die seine Interiorprojekte gefährden und sowohl die Kund*innen als auch die Arbeiter*innen in seinem Workshop frustrieren – ich sitze zweifelnd vor Detailfragen zur Cabin. Seit mehreren Wochen verhandeln Jemma und die verschiedenen Contractor miteinander über das Honorar, sie schieben sich gegenseitig Nummern für Quadratmeterpreise, Materialspezifikationen oder Arbeitsstunden zu, die der eine hoch- und der andere gegenrechnet, Jemma nennt es »ein paar Runden Pingpong für den besten Preis«. Ich selbst bin zwar in den Prozess nicht involviert, aber empfinde es schon vom Zuschauerrang aus eher als ein Gezerre um etwas, was sich nur sehr schwer in die eine oder andere Richtung dehnen lässt. An einem Montag holt Jemma uns einen Puffer bei den Verglasern heraus, der am Mittwoch beim Thema Statik wieder aufgebraucht wird. Ich fühle mich, als würden wir dem Projekt immer wieder Budget an der einen Stelle entnehmen, um damit ein Loch an einer anderen Stelle zu stopfen, das wir zuvor selbst verursacht haben. Jemma hatte am Ende recht, das zweite Schlafzimmer allein hätte uns keine Unmengen gespart, was aber im Umkehrschluss auch bedeutet, dass eine einfache Rückskalierung zu einem *one bedroom* keinen erleichternden Unterschied in unserem Gesamtbudget gemacht, unser Projekt dafür jedoch erheblich zurückgestuft hätte. Für sie als Architektin war das eine Verliererposition und sie bat mich, ihr ein paar weitere Wochen Vertrauen zu schenken, um die Contractor in die richtige Richtung zu lenken. Dass beinahe alle Angebote, die wir zurückbekommen haben, noch immer gut fünfzig Prozent über unserem Maximalbudget liegen, erklärt sie mir als vollkommen normal. »Die Contractor wollen den bestmöglichen Preis herausholen und gehen hoch rein, allein schon weil viele durch die Pandemie erhebliche Probleme haben, an neue Projekte zu kommen, und sie noch dazu eine Europäerin als Besitzerin im Grundbuch sehen. Ihr erster Gedanke ist darum, mit deinem Projekt einen erheblichen Gewinn zu generieren, der vielleicht auch andere Verluste absorbieren kann. Ich arbeite sie jetzt Woche um Woche in eine Realität, mit der wir leben können. Vertrau mir.« Ich habe schlicht keine andere Wahl. Obwohl ich immer nervöser werde, während die Zeit bis zum geplanten Baubeginn uns zwischen den Fingern zu zerrinnen scheint, ist Jemma die Expertin, meine Projektmanagerin und hat als solche die nötige Routine, um gelassen mit der Spannung umzugehen, die mich als *rookie* unter Druck setzt, wann immer ich nur mein E-Mail-Postfach öffne und ein paar Betreffzeilen scanne.

Chris hat Jemma nicht zuletzt wegen ihrer unkonventionellen Verhandlungsmethoden vor ein paar Wochen in »Jenga« umbenannt. Ich hätte es vermutlich witziger gefunden, wäre es nicht mein eigener Turm, der sich gerade so instabil anfühlt und immer wieder zu schwanken beginnt, während ich ihn nicht einmal selbst berühren, sondern nur zuschauen kann, wie er sich mit jedem Tag, an dem wir in die nächste Runde der Verhandlungen einsteigen, weiter in die Luft schraubt.

»Natürlich spart das zweite Schlafzimmer euch keine halbe Million Rand ein«, setzte Chris jetzt erneut zu einer Diskussion an,

»aber wenn ich irgendwo Kosten cutten muss, dann doch lieber mit einem sauberen Schnitt an der Erweiterung. Es mögen nur vier Wände sein, die sie zusätzlich einplant, aber diese vier Wände sind eben doch gut zwanzig Quadratmeter. Zwanzig Quadratmeter Steine, Zement, Putz, Fenster, Fußboden ...«

»Chris!«, unterbreche ich ihn genervt. In den letzten Tagen hat er mir immer wieder geraten, das zweite Schlafzimmer loszuwerden, hat darauf gepocht, dass Jemma auch mit noch so vielen Verhandlungsrunden nicht eigenhändig die steigenden Preise für Holz, Stahl, Stein und Glas drücken könne. Wann immer er auf die Kalkulation schaut, sieht es für ihn so aus, als ob der Spielraum im Budget aufgebraucht wäre und wir beginnen müssten, etwas an unserem Design zu ändern. Ich stimme ihm dabei sogar zu, ich habe nicht einmal eine Gegenposition. Erst gestern haben wir die Höhe der Fenster von drei Metern um gut fünfzig Zentimeter herabsetzen müssen. Die Ersparnis brachte uns vielleicht zehn Prozent dichter an unser Zielbudget heran, der Einschnitt in meine Vision fühlte sich jedoch weitaus erheblicher an. Und mit jedem *cut,* der für mich eigentlich nicht verhandelbar ist, dem ich jetzt aber dennoch zustimmen muss, ohne dass er uns zu einem finalen Ergebnis führen würde, mit jeder Runde, die mich noch weiter weg von der Vision meiner Cabin hin zu einem errechneten, erzwungenen Konstrukt bringt, habe ich mich mental in eine Blockade manövriert. Ich fühle mich eingeengt, in eine Ecke gedrängt, wann immer ich die Arme ausbreite, um mir ein bisschen Platz zu machen, berühre ich eine weitere Wand. Statt sie auszuhalten, abzureißen oder noch einmal einen Versuch zu wagen, über sie zu klettern, entscheide ich mich für Distanz. Ich werde mich umdrehen, mich ein paar Schritte entfernen und mich erst wieder umschauen, wenn genügend Abstand zwischen mir und meiner Sackgasse liegt.

Distanz ist die einfachste Form eines Perspektivenwechsels, und wann immer ich mich mental nicht von einem Problem oder Schmerz entfernen kann, helfe ich mir, indem ich es physisch tue, ich wechsele den Ort.

Ich meine damit nicht, dass ich vor meinen Problemen davonrenne, sie einfach für jemand anderes zurücklasse, um sie aufzuräumen. Ich habe schon früh gelernt, dass du über Kontinente reisen kannst, dass du noch so viele neue Wege einschlagen kannst – du wirst dich immer selbst mitnehmen. Aber wenn du ein paar Kilometer, vielleicht auch Tausende zwischen dich und deine Situation legst, wenn du nicht rennst, sondern dich einfach hinsetzt und sie nach einer Weile noch einmal *von hier aus* betrachtest, wo auch immer das sein mag, sieht sie oftmals schon ganz anders aus. Erst mit ein bisschen Distanz werden die Wege um uns herum wieder erkennbar.

Von hier aus kann ich eine klarere Entscheidung treffen, habe wieder eine Ahnung, wohin sie mich führen kann – bevor ich zurückkehren und sie umsetzen werde.

Der wieder einsetzende Regen, sein Prasseln und das damit verbundene Quietschen der hektischen Scheibenwischer reißen mich aus meinen Gedanken. Chris zieht neben mir die Augenbrauen zusammen und verlangsamt abermals unsere Geschwindigkeit. »Da vorn hört der Asphalt auf, und wir müssen ungefähr zwanzig Kilometer über eine *dirt road*, aber ich glaube ehrlich gesagt nicht, dass wir das bei dem Wetter mit dem kleinen Wagen riskieren sollten. Wenn der Regen aufhört, können wir versuchen, die größeren Pfützen zu umfahren, aber solang so schlechte Sicht herrscht, kann ich nie sicher sein, ob die nächste nur ein paar Zentimeter tief ist oder aber unsere Motorhaube verschluckt.«

Ich nicke, aber eigentlich ist es eher ein Schulterzucken. Hier anzuhalten, bedeutet, dass unsere Ankunft sich immer weiter nach hinten verzögern wird. Ein gemeinsamer Sundowner? Kaum noch machbar. Ein romantisches Abendessen nur mit Chris, bevor wir morgen früh auf den Rest der Familie treffen? Mittlerweile auch unwahrscheinlich. Ich versuche, den Gedanken abzuschütteln, dass der erste Tag unseres verlängerten Wochenendes an uns vorbeiziehen wird, bevor wir überhaupt in Gugulesizwe ankommen werden, und sehe Chris an. »Wo willst du anhalten?«

Er duckt sich für einen besseren Blick durch die Scheibe und zeigt dann auf eine Seitenstraße. »Das da sieht wie ein Pub aus.«

Nur ein paar Meter laufen wir durch den Regenguss, um von unserem provisorischen Parkplatz bis zum Vordach der Holzhütte zu gelangen, die offenbar für genau jene Zwangspausen errichtet worden ist, die Locals und Tourist*innen gleichermaßen erwischen, dennoch klebt mein Kleid nass auf meiner Haut, der Regen, der sich in meinen Haarsträhnen sammelt, tropft mir in die Stirn. Ich kämme sie mit den Fingern zurück und presse die Feuchtigkeit aus den Enden. Chris bestellt uns zwei Zulu Blonde am Tresen und reicht mir eine der Flaschen. Das Zulu Blonde ist ein lokales Craftbeer aus KwaZulu-Natal, das man in vielen der Pubs neben den Klassikern Castle Light oder dem Carling Black Label findet. Mit einem traditionellen Zulu Beer, dem *Umqombothi,* hat es allerdings nichts zu tun. Das *Umqombothi* ist ein zentrales Kulturgut Zulus, das traditionell aus Mais, Malz, Hefe, Zucker und Wasser gebraut und in einem *Imukhamba,* einem Tonbecher, gereicht wird. Während wir mit unserem Bier nur kurz die Zeit überbrücken wollen, trinkt man ein *Umqombothi* niemals hastig herunter, sondern teilt es mit Freund*innen und Gästen – oder zelebriert es sogar zeremoniell.

Wir setzen uns an einen der letzten freien Tische und stoßen an. »Zum Glück ist der Regen hier gerade im Sommer eher eine Momentaufnahme, die zwei- oder dreimal am Tag kommt, aber dann auch wieder weiterzieht«, sagt Chris zu mir und stößt seinen Flaschenboden gegen meinen. Die Menschen in der Region haben sich daran gewöhnt, dass der Himmel jederzeit aufbrechen oder aber wieder aufreißen kann. Während wir in Deutschland oftmals versuchen, das Wetter zu planen und eventuelle Umschwünge vorherzusehen (was selbst in Kapstadt schon eine Herausforderung ist und nicht selten ein Roulette, dessen Ausgang man erst kennt, wenn man vor der eigenen Haustür steht), nehmen die Menschen es hier in Hluhluwe von Moment zu Moment, unterbrechen ihre Arbeit, wann immer sie es müssen, genießen die Sonne, wann immer sie es können, vertreiben sich die Wartezeit, anstatt erfolglos gegen sie anzukämpfen, setzen ihren Tag und ihre Pläne fort, wann immer die Bedingungen sich bessern.

Während ich an meinem Bier nippe und in den Regen schaue, beginne ich selbst über Momente, über unser Verhältnis zu ihnen nachzudenken. Während wir Europäer*innen es gewohnt sind, Momente entweder zu konservieren, zu wiederholen, sie künstlich zu verlängern oder aber optimiert zu verkürzen – während wir es zu unserem so herausfordernden und fast schon gehetzten Ziel gemacht haben, wann immer wir können, im Moment zu leben oder aber ihm digital, chemisch, technisch zu entfliehen, leben die Menschen hier oben in Hluhluwe einfach *mit ihm.*

Wann haben wir das verlernt? Oder haben wir es eigentlich noch nie gekonnt? Unser Umgang mit dem Moment scheint genauso geprägt von den kulturellen Trends und schnelllebigen Schwerpunkten und Diskussionen unserer Gesellschaft, wie es Mode, Kunst oder selbst unsere sich immer wandelnden Lebensziele sind. Im Sommer 2018 haben wir alles daran gesetzt, jeden einzelnen Moment zu verlängern, auszukosten und zu konservieren, in Postings, auf Pinnwänden und in Polaroids. Jede Sekunde zählte, jede weitere konnte die nächste Chance sein, die größtmögliche Euphorie zu sammeln, nur wer sich ständig im nächsten Moment zergehen ließ oder sogar riskierte, sich darin für einen Augenblick zu verlieren, nur wer entweder fühlte, kickte und das Leben feierte oder aber beinahe schwerelos all seine Möglichkeiten kurz berührte, lebte wirklich. So golden wie jeder einzelne Moment sich für eine gewisse Zeit anfühlte, so süchtig wie wir danach geworden waren, diese Momente festzuhalten und einzuzahlen, als eine Währung für unser Glück, so dringend wollten wir sie nur zwei Jahre später wieder loswerden, sie ziehen lassen und am liebsten verpassen. Während der Pandemie waren der Moment und seine Vergänglichkeit zu einem einzigen Symptom geworden. Eine *Momentaufnahme* stand jetzt auf einmal für all das, was wir aushalten mussten, was kurz an uns vorüberzog, was wir loslassen, einfach vergessen wollten. Der nächste Lockdown, das Chaos an den Flughäfen, die Benzinkrise, der Status unserer Welt, unser eigenes Scheitern, unsere Wut, unsere Enttäuschung. Nur eine Momentaufnahme, nichts weiter wert und hoffentlich bald wieder vorbei. Natürlich galt das nicht immer, natürlich gab es Ausrisse, kleine Augenblicke, vielleicht jeweils ein paar Sekunden, die wir dennoch einfingen, sammelten und zu dynamischen Trailern unseres eigenen Lebens schnitten, ein Highlight, das 15 Sekunden auf uns niederprasselte, danach war alles vorbei, es sei denn, wir loopten das Reel.

Statt die Regenpausen anzunehmen, einen Moment voller Licht achtsam auf uns wirken zu lassen, zucken wir hastig zusammen, wenn er neben uns passiert, filmen ihn ab, sammeln ihn künstlich ein, lieber erst sichern, dann fühlen. Als wäre das überhaupt möglich. Ich selbst bin nicht frei davon. Als ich zuletzt einen Blick in meine Camera Roll geworfen habe, mich durch die Tausenden sich immer wieder doppelnden Bilder scrollte, die ich längst vergessen hatte und die mir jetzt kaum noch etwas bedeuteten, kam es mir selbst manchmal so vor, als ob wir vor lauter Momentaufnahmen, Snippets und verschickter Sekunden gar nicht mehr wüssten, wie sich eine echte Erinnerung anfühlte.

Und erst jetzt wurde mir bewusst, wie weit ich mich in den letzten Monaten, unbewusst, davon entfernt habe, den Fluss meines Lebens anzunehmen und mich mit ihm zu verbinden, wie schwer es mir fiel, die guten Momente nicht digital an mich zu reißen, sondern ihnen natürlich und entschleunigt zu begegnen. Eine Tasse Kaffee mit einer guten Freundin wirklich schmecken, genießen. Hinsehen, wenn die Sonne untergeht. Hinspüren, wenn ich einen Erfolg erlebt oder erarbeitet habe. Meiner Neugierde folgen, wenn sie mich zu einem Buch führt, in ein neues Restaurant, auf einen Spaziergang.

In einer so stressigen Zeit meines Lebens, in der die Tage und To-dos nur so an mir vorbeirennen und sich oft dennoch so zäh anfühlen, in der mir so vieles nicht schnell genug gehen kann und ich mich dennoch danach sehne anzuhalten, um wieder mehr zu fühlen, vielleicht auch um irgendetwas festzuhalten, habe auch ich mich in der Vorstellung verloren, dass ich Momente genauso gut einplanen, verschieben oder digital sammeln, dass ich sie mir aufsparen oder sie organisieren kann, um sie in größtmöglicher Dichte in ein freies Wochenende zu schieben. Ich bin in die Falle getappt, in der ich glaubte, es würde mich und meine mentalen Akkus wieder aufladen, wenn ich versuchte, in einem der wenigen freien Zeitfenster ganz viel ganz kompensiert zu erleben und schließlich noch einmal zu erinnern, während ich es online mit anderen teilte.

Und erst ein unbequemer, aber so dringend nötiger Regenguss bremst mich endlich aus, lässt mich erkennen, was ich eigentlich längst weiß:

`Was, wenn ich aufhöre, an den Momenten zu zerren, was, wenn es niemals darum ging, ständig neue zu erleben, zu suchen, zu erschaffen? Was, wenn die Kunst des Glücklichseins nicht darin liegt, für den Moment zu leben – sondern mit ihm?`

Grundbruch

Fünf Uhr dreißig gehört für mich zu den schönsten Uhrzeiten des Tages, ganz egal in welcher Jahreszeit, aber gerade im frühen Sommer, wenn die Sonne gerade aufgeht, sich warm auf die Brüstung meines Balkons legt, ihr Licht mit mir teilt, während der Rest der Welt noch für eine Weile ruhige Atemzüge tut, den Kopf und die Lider nicht hebt. Noch surrt die Stadt nicht, noch zwitschern nur vereinzelt ein paar der Singvögel, die genau wie ich an jedem einzelnen Morgen vom leuchtenden Orange des Himmels geweckt werden.

Es ist für mich die Zeit, um mit einem Kaffee und einem Notizheft, manchmal im Schneidersitz, manchmal in eine warme Decke gehüllt, all die Ideen zu skizzieren, die gerade noch Platz in meinem Kopf haben, die sich frei entfalten und die ich greifen kann, solang die Forderungen meines Alltags mich noch nicht eingeholt haben, nicht so laut in mir drängen, dass jeder noch so leise, kleine Gedanke vor ihnen zurückweichen muss.

Wann immer ich an einem neuen Manuskript arbeite, sind diese drei Stunden, bevor mein eigentlicher Arbeitstag beginnt, essenziell für mich, es ist mein kleiner, unantastbarer Vorsprung, den ich nutze, um Kapitel zu entwerfen, mit einer simplen Idee zu meditieren oder mich einem intensiven Gefühl hinzugeben, einer Geschichte zu folgen, deren Ende ich noch nicht gesponnen habe. Manchmal suchen meine Finger dabei ganz instinktiv nach den Tasten, klappen meinen Laptop auf, öffnen einen weißen, frischen Canvas und füllen ihn mit Worten, manchmal entsteht ein ganzes Kapitel aus nur einem einzigen Gedanken, erschafft sich selbst, fließt Zeile um Zeile aus mir heraus. Manche dieser Fassungen lasse ich monatelang roh liegen, bis ich auf sie zurückkomme und die geschriebenen Worte noch einmal herumschiebe, andere schicke ich ohne jedes Zögern ab, vertraue auf mein Gefühl, dass die erste, die unperfekte Fassung eines Textes, der dich etwas fühlen lassen soll, oftmals die beste ist. Natürlich gibt es auch andere Tage, solche, an denen sich jede Silbe zäh und unbeugsam anfühlt, an denen ich durch meine Aufzeichnungen und im Dokument umherstolpere, mich selbst immer wieder unterbreche und mich im Blinken des Cursors verliere. Es hilft mir dann, gegen die Blockade anzuschreiben, Sätze auszuprobieren, die ich mit ein paar simplen Tastenanschlägen wieder zurücknehmen kann, ja, es ist manchmal sogar therapeutisch, auf dem Papier Gefühle und Emotionen auszudrücken, fair oder unfair, reflektiert oder kopflos, die ich Sekunden später wieder ungeschrieben werden lasse. Jede Änderung, jede Wendung kann ich mit einem einfachen Strg+Z wieder zurücknehmen. Dass nichts, was ich schreibe, final ist, dass nichts für immer so stehen bleiben muss, bis ich es nicht veröffentliche, gibt mir die Sicherheit, die ich brauche, um meine Kreativität einfach laufen zu lassen.

Ich weiß noch genau, wie viel Überwindung es mich im Winter 2019 kostete, das fertige Manuskript meines ersten Buches *schnell.liebig* schließlich einzureichen. Am Ende gab nicht ich mir selbst, sondern der Druck der Deadline mir den finalen *push*, um zu entscheiden, dass das Buch fertig war, dass es *gut* war. Als ich ein paar Monate später dann das gedruckte, gebundene Werk in der Hand hielt, hatte ich beinahe Angst davor, es noch einmal aufzuschlagen, darin zu lesen und die ersten Absätze zu entdecken, die ich vermutlich längst wieder ändern würde, oder auf all das zu stoßen, was ich doch eigentlich noch hatte sagen wollen, aber was dann keinen Platz mehr gefunden hatte.

Ich tröstete mich damals mit dem Wissen, dass ein Buch niemals vollkommen sein konnte, dass es, wenn es könnte, mit dem oder der Autor*in wachsen, sich entwickeln und verändern würde. Es ging vielleicht gar nicht darum, das perfekte Buch abzuliefern, sondern eine Version von ihm zu erschaffen, die in der Gegenwart, jetzt und hier, ihren Platz hatte.

Im Gegensatz zu einem Haus fühlt sich ein einziges Manuskript beinahe lächerlich vergänglich an. Vor allem weil es immer noch eine zweite Auflage geben kann. Die Cabin werde ich nur ein einziges Mal bauen, falls es überhaupt so weit kommen wird. Aber alles noch mal von vorn ...

Nachdem ich ein paar Tage ohne Netzempfang in Gugulesizwe verbracht habe, beschließe ich, unsere Budgetprobleme noch einmal von einer anderen Seite anzugehen. Was, wenn wir nicht weiter versuchen, unseren Plan in ein zu enges Budget zu pressen, bis er vollkommen seine Form verliert? Was, wenn es möglich wäre, mit der Hilfe eines Investors die rote Linie zumindest ein wenig zu lockern? Und wenn ich diese Gedanken schon zulasse: Wo finde ich jemanden, der bereit ist, mehrere Tausend Euro in mein Projekt zu stecken? In den nächsten Tagen bereitete ich mehrere Investitionsmodelle vor, erarbeitete eine Präsentation und schickte beides an alle Kontakte, die ich über die letzten Jahre gesammelt habe.

Wieder einmal ist es meine Freundin Ann-Kathrin, die mich schließlich in die richtige Richtung schubst. »Warum postest du dein Proposal nicht einmal bei LinkedIn? Du hängst deine Präsentation einfach passwortgeschützt mit an, teilst es mit den Menschen, die ernsthaftes Interesse bekunden, und schaust dann, wohin die dich vielleicht bringen.«

»Bist du sicher? Hat das schon einmal jemand so gemacht? Auf LinkedIn einfach öffentlich nach einer Finanzierung gefragt?«, tippe ich unsicher.

»Keine Ahnung, aber wenn nicht, sind wir eben die Ersten, die es versuchen?«, schreibt sie zurück.

Zwei Tage später veröffentliche ich meinen Beitrag, sie teilt ihn mit über zweitausend ihrer Kontakte, drei Tage später führe ich die ersten Gespräche, zwei Wochen später steht die Zusage. *And that – was that.*

Das zusätzliche Budget erlaubt es Jemma, schnelle Fortschritte mit unserem verbliebenen Contractor zu erzielen, um den Baubeginn Ende Juli doch noch möglich zu machen. Johann, Andries und Coenrad, die ich persönlich getroffen habe, sind unabhängig voneinander ausgestiegen. Johann empfand das Projekt als zu klein, zu aufwendig und zog sich als Erster zurück, Coenrad war in Zeitverzug mit einem anderen Bau geraten und würde nicht pünktlich beginnen können, Andries' Preise lagen noch immer weit über unseren Möglichkeiten – sodass Themba, den Jemma erst ein paar Wochen nach unserem Speeddating auf dem Plot kennenlernte, schließlich den Job bekam. Anfangs hatte ich noch gezögert, das Projekt an Themba zu geben, denn anders als die anderen hatte ich ihn nie kennengelernt, nie mit ihm gesprochen, seine Referenzen nur auf ein paar Bildern gesehen, die er Jemma gesendet hatte.

»Entspann dich, Lina, ich hab ihn natürlich auf Herz und Nieren geprüft, genau wie die anderen auch, und glaub mir, er ist perfekt für den Job!«, versicherte mir Jemma in einem Telefonat. »Seine Arbeitsweise ist vielleicht nicht ganz so strukturiert wie meine, aber ich krieg ihn schon auf das Level, das wir brauchen ... Sobald du das Deposit überweist, können wir anfangen und den Grund brechen.«

Das ist auch so eine Sache. Ich wollte beim Grundbruch unbedingt dabei sein, nicht nur, um ein Teil des Moments zu sein, in dem die Verwirklichung dieses Baues tatsächlich, wirklich beginnen würde, sondern auch, um persönlich sicherzustellen, dass die Positionen genau so abgesteckt waren, wie wir es geplant hatten. Aber das Universum (oder aber das *Department of Home Affairs*) hatte andere Pläne. Nicht zuletzt die langwierigen Verhandlungsrunden und die zweite und dritte Prüfung unserer Pläne durch die *HOA*, die immer wieder Details änderten, die wir dann wiederum mit den

Bauleitern nachbesprechen mussten, haben uns mittlerweile um Monate zurückgeworfen. Statt im Mai die Baustelle zu eröffnen, peilen wir jetzt den Juli an – und überschneiden uns damit mit meiner Ausreisefrist. Um meinen Visumsantrag erfolgreich einzureichen, muss ich zurück nach Hamburg fliegen und persönlich einige Papiere in Empfang nehmen. Gleichzeitig läuft mein bestehendes Visum aus, sodass eine Rückkehr nach Deutschland in jedem Fall unumstößlich ist.

Jemma hat mir vom ersten Moment an versichert, bei jeder einzelnen Entscheidung vor Ort zu sein und mir einen täglichen Videoreport zu senden. »Entspann dich«, sagt sie auch heute wieder – wie so oft in den letzten Tagen. »Es sind gerade einmal drei Wochen, die wir hier ohne dich beginnen und noch dazu mit den Dingen, die für den Kunden so oder so kaum interessant sind. Ich hab alles im Griff – bis du zurück bist, stehen die Außenwände, und bis dahin kann erst mal eh nicht so viel schiefgehen.«

Famous. Last. Words.

Wie viel tatsächlich schiefgehen kann, wenn die Position eines Parkplatzes nur telefonisch und anhand eines Planes besprochen, nicht aber vor Ort noch einmal bestätigt wird, zeigt sich bereits in den ersten Stunden nach dem Grundbruch. Thembas Team hat bereits bei Tagesanbruch damit begonnen, die ersten Baumaterialien hinauf zum Plot zu bringen und sie provisorisch dort zu lagern, wo wir später den Parkplatz anlegen wollen. Als Jemma gegen Mittag die frische Baustelle erreicht, hat das Team bereits die überflüssigen Steine und größeren Sträucher entfernt, darüber hinaus eine halbe Tonne Steine und zusätzlichen Zement abgeladen. Leider nicht dort, wo später bequem zwei Autos gut fünfzig Meter von der eigentlichen Cabin entfernt parken sollen, sondern *mitten im View.*

Dort, wo eigentlich unangetastete Natur Ruhe auf den Gast ausstrahlen soll, klafft nicht einmal zwölf Stunden nach Baubeginn bereits ein dreißig Quadratmeter großes Loch in der Vegetation.

Thembas Team ist gründlich gewesen, der Schaden, den der Fynbos genommen hat, ist unwiederbringlich.

»Das ist nicht dein Ernst«, ist alles, was ich herausbringe, als ich schließlich Jemmas Anruf annehme. »Das kann einfach nicht wahr sein!«

»Das ist alles gar nicht so wild, wie du es dir gerade ausmalst, wirklich. Wir schieben jetzt natürlich zuerst einmal die Baumaterialien an die korrekte Position – und dann wird sich der Boden hier von ganz allein regenerie…«

»Von ganz allein?«, falle ich ihr ins Wort. »Jemma, da klafft ein zerstörtes Stück Vegetation, größer als mein fucking Wohnzimmer, direkt im Sichtfeld vor unserem Schlafzimmer, vor der Hängematte, vor der Terrasse!«

»Ich weiß, Lina, das ist jetzt im ersten Moment natürlich superärgerlich, ich hätte mir auch gewünscht, dass Themba mit dem Grundbruch wartet, bis ich vor Ort bin.«

»Und warum hat er das nicht?«

»Ich hatte ihm das Go dafür gegeben, die Baustelle schon einmal vorzubereiten, aber dabei offenbar einfach unterschätzt, wie schnell sein Team arbeitet. Aber das ist ja eigentlich ein gutes Zeichen, das ist genau das, was wir wollen.«

»Was wir wollen?«

»Lina, entspa…«

»Sag mir nicht, ich soll mich entspannen«, fahre ich sie an. »Bitte sag mir nicht, ich soll ganz entspannt damit umgehen, dass der erste Tag auf meiner Baustelle bereits ein riesiger *fail* ist. Dass schätzungsweise 150 Pflanzen heute einfach herausgerissen oder unter einer halben Tonne Baumaterial begraben worden sind und mindestens ein oder sogar zwei Jahre brauchen werden, um sich wieder vollständig zu erholen, wenn wir sie nicht sogar komplett ersetzen müssen.«

***

Ich höre, wie Maggs am anderen Ende die Luft ausstößt, für einen Moment nach Worten zu suchen scheint. »Okay, fuck«, sagt sie schließlich und ich nicke, während ich das Handy in meiner Halsbeuge einklemme, um mir mit den freien Händen ein großes Glas Wein einzuschenken. Nach meinem Telefonat mit Jemma habe ich Maggs kommentarlos die Fotos weitergeleitet. Nur Minuten später hat sie mich angerufen. »Und jetzt?«, fragt sie und unterbricht sich dann selbst, bevor ich antworten kann. »Ich weiß, dass das gerade vielleicht keine besonders gute Frage ist und keine noch so gute Antwort von dir den Schaden ungeschehen machen kann, aber – und jetzt?«

»Ich hab ja nicht mal eine Antwort«, sage ich leise, müde von der Auseinandersetzung mit Jemma, die mir noch in den Knochen sitzt. »Jetzt gerade bin ich an einem Punkt, an dem ich mich frage, was ich hier eigentlich mache. Ich meine, seit Wochen fühle ich mich, als würde sich das Projekt vor meinen Augen immer weiter verändern, als würde es immer weiter von mir und meiner Idee wegdriften, immer wieder bin ich gegen eine Wand gelaufen, immer wieder habe ich nach einer neuen Lösung oder einer Alternative gesucht, habe sie schließlich gefunden, habe so sehr auf diesen Grundbruch hingefiebert, auf dieses Gefühl, dass wir von nun an wirklich jeden Tag ein Stückchen mehr entstehen lassen, was wir da gezeichnet haben. Für mich war das wie ein Befreiungsschlag – der jetzt sofort wieder in meiner Magengrube sitzt. Ich habe die ganze Zeit diese Stimme in meinem Kopf, die nicht aufhört zu sagen: ›Na, wenn das schon so anfängt …‹«

»Aber vielleicht war es ja trotzdem genau das, ein Befreiungsschlag.«

»Wie meinst du das?«

»Du wusstest, dass etwas schiefgehen würde, dass Dinge schiefgehen müssen, wenn du baust, dass Fehler so oder so passieren werden, nicht einmal weil das Universum es unbedingt so will – ich meine das ganz nüchtern, rein statistisch. Wenn also ein Fehler passieren musste, dann doch lieber jetzt, direkt zum Anfang, lieber kopfüber rein ins kalte Wasser, lieber kämpfst du mit einem Stück Natur, das du neu bepflanzen musst, als mit einem Dachstuhl, der einstürzt, oder mit einem Fundament, das auf einmal die Cabin nicht trägt.«

»Ich weiß, dass ich wie ein unsicheres Klischee klinge, aber ich hatte es mir wirklich, *wirklich* anders vorgestellt. Nicht generell leichter, nur nicht ganz so voller Hürden und Verzögerungen und Diskussionen und mit diesem klassischen Fehlstart. Und um ganz ehrlich zu sein, hatte ich mir auch irgendwie vorgestellt, dass ich es mehr genießen würde, dass es mehr Spaß machen würde oder der Spaß zumindest jetzt wieder beginnen könnte. Ich weiß einfach nicht, ob ›Es hätte schlimmer kommen können‹ das Mantra ist, mit dem ich dieses Projekt durchziehen will ...«, sage ich matt, aber Maggs lässt nicht locker.

»Ja! Ja, es hätte schlimmer kommen können. Genau das ist der Punkt. Der erste Fehler, der irgendwann passieren muss, hätte sich genauso gut über Wochen verstecken können, nur um dich dann wirklich zurückzuwerfen. Das Pflaster ist ab, der erste echte Konflikt ist da und mit ihm seine Konsequenzen. Und wenn du mich fragst, wird es Zeit, dass du dich gegenüber Jemma behauptest. Sie ist deine Projektmanagerin, sie ist deine Architektin – und ich glaube ihr, dass sie genau weiß, was sie tut. Aber deswegen ist sie nicht unfehlbar, deswegen sind deine Einwände nicht einfach nur nervös. In meinen Augen hätte dieser Fehler sogar vermieden werden können, wenn sie nicht *zu entspannt* gewesen wäre, und auch genau deshalb ist es so gut, dass es einen Weckruf gegeben hat. Lina, wenn du dir jetzt beweist, dass du in diesem kalten Wasser, in dem es keine weiteren Verhandlungen oder Testrunden mehr gibt, schwimmen kannst, umso besser. Dann zögerst du beim nächsten Mal nicht mehr, sondern springst schon, bevor man dich schubsen kann.

Willkommen in der Oomblik Cabin
Bilder: Lina Mallon und Magdalena Mavova

»Vor einem halben Jahr, lagen hier nur ein paar Steine.« Die Fotos dieser Strecke entstanden gut zwei Wochen nach Abgabe des letzten Kapitels für dieses Buch.

Standort der Cabin: Bainskloof, Western Cape, Südafrika

Nature at your doorstep
Der weite Blick aus dem Wohnzimmer in die Berge

01 Silhouetten Sonnenaufgang aus einem der Schlafzimmer

02 Chris und Lina

03 »I fought for this tub!« Magdalenas Badewanne mit Blick auf das Tal des Reservats

01 Oomblik Cabin, eingebettet im Mount Bain Nature Reserve **02** Die Dekoration und alle Farbtöne der Inneneinrichtung sind inspiriert von den Fynbosnuancen des Reservats, dazu mischen sich Betonmaterialien mit organischen Webstoffen und überwiegend indigenem Holz.

01 der große Esstisch, das Zentrum der offenen Küche und nicht nur ein Platz, um gemeinsam zu essen, sondern auch stundenlang Karten zu spielen, Wein zu trinken, Momente zu teilen und die Zeit zu vergessen.

03 Jorge und Magdalena – in einer umkämpften Partie Backgammon
05 Besuch eines orange-breasted sunbirds, auf Deutsch: Goldbrustnektarvogel

2

03

4

05

Nicht mit dem Moment – sondern in ihm leben
Abendstimmung über den Ceres Bergen

Du kannst dich nicht dagegen wehren, dass du von jetzt an mittendrin steckst, dass die Baustelle dich von nun an fordern wird und dir immer wieder Reaktionen abverlangen wird, mit denen du jetzt noch nicht mal rechnen kannst – also ist es umso besser, von Anfang an zu wissen, dass du schwimmen kannst.«

Ich nehme einen großen Schluck Wein und entspanne meinen Nacken. »Bist du denn auch bereit?«, frage ich Maggs. »Mir diesen *pep talk* mindestens einmal in der Woche für die nächsten Monate zu halten?«

»Immer.«

»Verrückt eigentlich, ein Haus zu bauen. Das ist das so ziemlich Endgültigste, was ich je gemacht habe.«

`Einfach schwimmen - ohne Strg+Z.`

Spoiler: Zehn Dinge, die ich gern gewusst (oder geglaubt) hätte, bevor ich damit begann, ein Haus zu bauen

1. Dein Zeitplan: »Reality may differ.«
2. Die Trockenzeit von Beton und unerwartete Wetterumschwünge passen nicht gut zusammen - niemals.
3. *Baboons* stehlen - einfach alles. Auch Regenrinnen.
4. Ein Bild ist keine Referenz. *I can't stress this enough.*
5. Eine Menge weise, weiße Mansplainer, von denen du nie zuvor gehört hast, gehören ab jetzt zu deinem Alltag.
6. Wenn dir ein Fehler passiert, dann natürlich nur, weil du nicht auf die obigen Mansplainer gehört hast, die ihn in ihrer Glaskugel natürlich längst haben kommen sehen.
7. Pläne lügen (nicht).
8. Obwohl du ein Budget, einen Kredit und einen Investor hast, wird der Moment kommen, an dem du dich fünf Tage lang von Instant-Ramen ernährst.
9. Common Sense ist ein Mythos.
10. Es wird irgendwann wirklich fertig. Versprochen.

PS: Es ist übrigens okay, diese Liste zu kennen, sie vielleicht sogar hier, in diesem Buch, nicht zum ersten Mal zu lesen und trotzdem zu glauben, dass man sie vielleicht umgehen kann. Das ist nicht naiv, das ist nicht fahrlässig, das ist eine *Überlebensstrategie*.

Woher sonst schöpfst du den Mut, ein Haus zu bauen oder generell deine Träume zu verwirklichen, wenn nicht aus dem Glauben daran, dass die Dinge auch einfach gut werden könnten?

Wir manifestieren immer, in jedem Augenblick. Warum also nicht von Anfang an unseren Erfolg, die Idee, dass wir es schaffen werden?

Sich auf alle möglichen Fehler vorzubereiten, heißt nicht, dass man sie deshalb vermeiden kann. Sich auf alle Hürden zu konzentrieren heißt manchmal sogar, dass wir die spontanen Umwege und Abzweigungen, die uns daran vorbeiführen könnten, verpassen oder erst viel zu spät erkennen. Es gibt ein südafrikanisches Sprichwort, das geht so: »Let's cross that bridge once we're there.« In den kommenden Monaten wird es zu meinem stärksten Mantra werden ...

Trust the process

»It takes a year to learn how to walk. It takes a lifetime to learn not to run.«

Ich ziehe mir die Ärmel meines Pullovers über die Hände und nehme einen vorsichtigen Schluck von dem heißen Kaffee, den ich mir eben noch in den Thermosbecher geschenkt habe. Der feine Nieselregen schlägt mir mit einem weiteren Windstoß ins Gesicht, kriecht in meine Kapuze. Ich ziehe sie noch ein bisschen tiefer in mein Gesicht und trete ein paar Schritte zurück unter das Vordach meiner Wohnung. Es ist fünf Uhr dreißig, vor einer halben Stunde wollte Jemma mich abholen, erst vor ein paar Minuten habe ich sie erreichen können. »Fuck, ich hab verschlafen. Ich bin unterwegs«, murmelte sie, bevor wir auflegten. Ich lehne mich gegen die Außenwand des Gebäudes und winke kurz Jonathan, unserem Doorman, zu, der seine Frühschicht beginnt. Gestern Abend bin ich wieder in Kapstadt gelandet, habe um kurz nach Mitternacht meine alte Wohnung aufgeschlossen, meine Tasche auf den großen Esstisch und dann mich in die Arme von Chris und ein paar Momente später auch in die von Maggs fallen lassen. Wir haben noch eine Flasche Wein geöffnet, uns eine lauwarme Pizza geteilt und darauf angestoßen, dass ich zurück bin, *home again.*

Maggs und ich teilen dieses Ritual seit mehr als fünf Jahren. Wann immer ich lande, begrüßt sie mich, wann immer ich wieder abfliegen muss, verabschiedet sie mich. So routiniert, wie ich zwischen den zwei Kontinenten dreimal im Jahr hin- und herpendle – ich will und werde mich nie ganz an das Kribbeln gewöhnen, das ich spüre, wann immer ich wieder hier in Kapstadt lande, zurückkomme und augenblicklich von dem Gefühl umarmt werde, gefehlt zu haben und trotzdem eigentlich nie weg gewesen zu sein.

Trotz der *hiccups* und der Anlaufschwierigkeiten haben sich Jemma und Themba in der Zwischenzeit zu einem Team entwickelt. In den letzten Wochen hat Themba die Bauposition der Cabin ausgehoben und ihr Fundament gegossen, immer wieder machte ihm und seinem Team der Regen zu schaffen, der das Western Cape in den Wintermonaten immer wieder ausbremst. Aber wir haben Glück, die ersten sonnigen Septembertage haben es uns ermöglicht, die Verzögerungen beinahe komplett aufzuholen. Am Wochenende hat Themba die Außenwände hochgezogen und pünktlich zu meiner ersten Besichtigung der Baustelle unserem Projekt eine erste, reale Form gegeben. Wenn ich heute um die letzte Kurve zu meinem Plot biege, wird dort ein Haus stehen.

Als die Lichter von Jemmas Wagen um die Kurve biegen und sie ihn langsam an den Straßenrand lenkt, um mich einsteigen zu lassen, ist es Viertel vor sechs. »Sorry, sorry, sorry«, beginnt sie ihre Begrüßung. »Ich muss den Alarm einfach überhört haben. Ich hab bis in die Morgenstunden gearbeitet und mich dann nur kurz noch einmal hinlegen wollen …«

Es ist nicht das erste Mal, dass Jemma zu spät kommt, sich eine Stunde zu spät in den Zoom Call schaltet, wenn sie ihn nicht kurzfristig aufschiebt. Es ist nicht das erste Mal, dass sie abtaucht, nicht zu erreichen ist. Es ist auch nicht das erste Mal, dass ich das Arbeitspensum, das sie entweder wirklich hat oder aber als Entschuldigung für schlechtes Zeitmanagement vorschiebt, die langen Nächte, die E-Mails, die sie um 3.15 Uhr und dabei dennoch drei Tage zu spät abschickt, als *red flag* identifiziere. Als ein sich ankündigendes Problem, das nicht nur ihr, sondern auch mir und unserem Projekt über den Kopf wachsen könnte, wenn wir es nicht ehrlich ansprechen. Aber es ist seit Wochen das erste Mal, dass ich persönlich mit ihr darüber reden kann, dass wir gut eine Stunde nebeneinander im selben Raum verbringen, sie sich nicht entziehen kann und ich nicht den vielen Details, den baulichen Entscheidungen und den formalen Deadlines, die uns immer wieder im Nacken sitzen, den Vorrang lassen muss, weil es sie so viel dringender abzuarbeiten gilt. Die andere Sache ist die: Wann immer ich Jemma wirklich greifen kann, ihre Aufmerksamkeit sich ungeteilt auf unser Projekt richtet, ist sie das, was man eine *force of nature* nennt. Sie schafft es in einem einzigen Call, nicht nur jedes unserer Probleme in eine Chance, in eine noch bessere Lösung als die eigentliche zu verwandeln, sondern mir auch meinen kompletten Frust zu nehmen und in das Gefühl zu kanalisieren, dass ich ihr und unserem Prozess vertrauen *kann, muss.*

»Bauen, das ist ein Wechselbad der Gefühle, jeden einzelnen Tag«, hat ein guter Freund zu mir gesagt, als wir an der Hamburger Alster saßen und vor meiner Abreise noch ein letztes Bier tranken. »Am Anfang wirst du das Gefühl haben, dass deine Hände an jeder Seite des Decks gebraucht werden, am Anfang fühlt sich die Abgabe jeder Kontrolle wie der Nährboden für den nächsten Fehler an. Und dann wird er auch noch passieren. Aber mit der Zeit wirst du in deine eigentliche Rolle hineinwachsen, und die ist, nicht alle Fäden zu jedem Zeitpunkt festzuhalten, sondern den Kurs. Du musst zu jeder Zeit die Richtung und den Horizont im Blick behalten. Das große Ganze. Du bist diejenige, die das Team bis zum Schluss zusammenhalten muss. Ganz egal wie viele Projektmanager du hast. *Du* bist der Kompass. *Du* bist der Motor. Also fuck, beiß die Zähne zusammen, *pick your battles, push through.*

Du kommst irgendwann an, wenn alle anderen abreisen.«

Mir selbst Zeit zu geben, anzunehmen, dass ich gerade erst dabei bin, in eine neue Rolle hineinzuwachsen, den Wachstumsschmerz anzuerkennen und zuzulassen, ist mir unheimlich schwergefallen. Eine Cabin zu planen, einen Traum zu entwerfen, aufzuzeichnen, auszumalen und ihm mit Worten und Bildern ein Leben einzuhauchen, zu visualisieren, was andere sich nicht vorstellen können, und es dann für sie mit meiner Kamera oder meinen Worten greifbar und fühlbar zu machen ist eine Kunst, die ich über ein Jahrzehnt lang erlernt und immer wieder vertieft habe. Aber Stein auf Stein, Zentimeter für Zentimeter ein Haus zu bauen, einen Ort zu erschaffen, das ist vollkommen unbekanntes Terrain. Natürlich fühlen sich meine ersten Schritte noch nicht sicher an, natürlich sehe ich noch ständig über meine eigene Schulter und stolpere währenddessen. Und erst mit der Zeit lerne ich zu akzeptieren, dass nicht jeder Fehler, den ich mache oder sogar zulasse, hätte vermieden werden können – wie denn auch, wenn ich den Weg gerade zum ersten Mal gehe?

Als wir den Hugenottentunnel auf der N1 hinter uns lassen, atme ich tief durch und sehe Jemma direkt an. Eine halbe Stunde lang hat sie mich verbal abgeholt und mir einen Überblick über die letzte Bauwoche gegeben, sich dabei bemüht, sich vor allem auf die Fortschritte zu konzentrieren. *Softening the blow,* nennt Chris es. Du weißt längst, dass du dich für einen Fehler oder einen Missstand wirst verantworten müssen und kommst ihm ein letztes Mal zuvor.

»Jemma, wir müssen trotzdem noch über etwas anderes reden ...«, beginne ich.

»Ich weiß, Lina, ich weiß, dass die letzten Wochen nicht optimal gelaufen sind. Ich weiß, dass ich teilweise so viele unterschiedliche Deadlines auf dem Tisch hatte, dass ich dir als meiner Kundin vielleicht sogar ein unsicheres Gefühl gegeben habe, und das ist natürlich nicht mein Anspruch. *Aber – I got this, okay?*«

»Ich muss auf unseren Zeitplan vertrauen können, Jemma. Ich muss darauf vertrauen können, dass die Mail, die du mir versprichst, auch wirklich ankommt, und zwar innerhalb meiner Deadline und nicht dann, wenn deine eigenen dir einen Moment Zeit lassen.«

»Du darfst dich nicht zu sehr an Zeitplänen festhalten, Lina. Bauen braucht Geduld.«

»Bauen braucht aber auch Stabilität, zumindest dort, wo wir sie kontrollieren können. Wenn uns das Wetter aufhält, wenn Material zu spät geliefert wird, liegt das nicht in unserer Hand, klar, aber wenn wir ein Meeting ansetzen und du es vergisst, wenn ich eine halbe Stunde vor meiner Wohnung auf dich warte, weil du verschlafen hast, wenn du Chris erst eine Stunde lang für ein Meeting hinhältst und dann doch noch versetzt, weil du den Termin für den falschen Tag eingetragen hast, dann ist das etwas völlig anderes. Erinnerst du dich noch daran, dass du vor nicht einmal drei Monaten einem Contractor keine zweite Chance geben wolltest, weil er sich verspätete? Was du damals über Commitment gesagt hast? Ich brauche das gerade von dir, ich brauche das unbedingt.«

»Okay«, sagt sie, und ich erkenne, nicht zuletzt an ihrer Körpersprache, dass meine Worte sie treffen, dass sie sich wehren und sie am liebsten abwehren will.

»Ich will dich damit nicht angreifen, Jemma«, mildere ich gegen meinen Willen das Gesagte beinahe automatisch ab.

»Alles gut. Ich glaube, ich kann dir in ein paar Minuten eine Antwort darauf geben, wie *committed* ich bin – und dich hoffentlich ein bisschen beruhigen.«

Einen Moment lang will ich entgegnen, dass es nicht darum geht, mich zu *beruhigen*. Dann lasse ich los. *Pick your battle. This is not the one. Not now, I guess.*

***

»Und? Was sagst du?«, fragt sie mich und legt mir kurz den Arm um meine Schulter.

Es ist der 12. September 2021, 7.21 Uhr, als ich zum ersten Mal vor meiner Cabin stehe, als aus einem Plan, aus Bildern, Updates, aus *progress reports* – Wirklichkeit wird. Als ich durch den provisorischen Eingang in den Raum trete und den Blick, die Natur und ihre Weite, die die großen Fenster für mich einfassen und fast noch näher heranholen, auf mich wirken lasse. Das hier ist mein Haus, auf meinem Stück Südafrika.

Mit jeder Besichtigung wird es sich von nun an verändern, wird es sich vor meinen Augen manchmal ausdehnen, dann wieder zusammenziehen, mir manchmal so unfertig und dann wieder so erreichbar, so greifbar erscheinen, sich mit mir durch die einzelnen Phasen bewegen, sich immer wieder neu vor mir entfalten. Ich kann mich dagegen wehren, uns blockieren, es dabei aber trotzdem nicht ins Lineare pressen. Ich werde lernen, mich mit der Cabin zu bewegen, sie zu steuern und dabei auf ihr Tempo und ihre Richtung zu reagieren. Ich bin meine eigene Ruhe. Ich bin unser Motor, ich bin unser Kompass.

Oomblik

Some people need a big house, flashy cars, lots of money and a loud crowd around them, to ~~celebrate~~ look at all that. Some people love a tiny cabin in the woods, to get away from all that noise.

Ich liebe es, an einem Freitagnachmittag einfach abzuhauen. Ich liebe es, das Auto zu packen, unsere Hunde (Bei meinem letzten Flug aus Deutschland habe ich endlich auch meinen Dackel mit nach Südafrika nehmen können! Der Stempel in seinem Pass sitzt, das Visum bekam er innerhalb einer Stunde, denn er ist kein Südafrikaner.), ein paar Snacks und lediglich zwei persönliche Rucksäcke zu verstauen, bevor wir aufbrechen, aus der Stadt ausbrechen. Es ist für mich ein Teil der Faszination Südafrikas – du bist vielleicht nur ein oder zwei Stunden unterwegs, aber die Vegetation um dich verändert sich völlig. Eben noch hast du in der Mitte einer so bunten, lauten, sich immer bewegenden Stadt gestanden und nur siebzig Kilometer entfernt von ihr findest du die Ruhe, die Abgeschiedenheit und die *simplicity*, die auf eine ganz andere Art und Weise, aber nicht minder inspirierend ist. Ganz egal ob wir dabei die Westküste hochfahren und an den Stränden von Paternoster oder Yzerfontein landen, Richtung Bredasdorp aufbrechen und das Wochenende im Naturschutzgebiet De Mond verbringen, eine Cabin in der Bergen von Tulbagh oder Citrusdal entdecken oder sogar die weite Fahrt auf uns nehmen und ein paar Nächte am Rande der Karoo-Wüste schlafen – solang ich draußen sein kann, solang ich einen freien Horizont sehe, solang es Wein, Backgammon, ein gutes Buch gibt und wir am Ende unser Essen selbst über dem offenen Feuer oder in einer gemütlichen Küchenzeile zubereiten können, bin ich glücklich.

Für viele mag es sich absurd anhören, dass wir manchmal sogar absichtlich eine Cabin buchen, in der es nicht einmal Strom oder Gas gibt, aber ich habe so schnell gelernt, darauf zu verzichten, und genieße es, dass wir uns hier viel ursprünglicher auf den Verlauf eines Tages einlassen, den Untergang der Sonne zelebrieren und mit Öllampen und im Kerzenschein den Abend entschleunigen. Wasser für eine heiße Dusche erhitzen wir mit dem *donkey*, einem einfachen Heizungssystem, das lediglich aus einem großen Wasserfass besteht, das meistens über einer Feuerstelle montiert wird. Wenn du sowieso ein Feuer machst, um darüber zu *braaien** und dein Essen zuzubereiten, kannst du die Wärme ja auch noch ein zweites Mal nutzen. Dass du auf einen Durchlauferhitzer verzichtest, bemerkst du nicht einmal. Vor ein paar Monaten haben wir uns ein Farmhaus *off the grid* mit zehn anderen Freund*innen geteilt, und jeder von uns konnte sich abends und sogar noch morgens unter eine heiße Dusche stellen.

Einer meiner Lieblingsmomente an solchen Wochenenden ist der, kurz nachdem die Sonne untergegangen ist, wenn das letzte Licht des Tages noch am Himmel hängt, wir ein zweites Glas Rotwein einschenken, das Feuer anzünden und gemeinsam den *Braai* vorbereiten.

Zusammen zu kochen, das ist nicht nur zwischen Chris und mir, sondern auch unter Freund*innen, wann immer wir mit Maggs und Jorge unterwegs sind, zu einer gemeinsamen *love language* geworden. Wir alle lieben es, zusammen gutes Essen zuzubereiten und es dann miteinander zu teilen. Jedes Dinner, ganz egal ob es simpel oder aufwendig ist, wird, so oft es geht, aber vor allem an diesen Wochenenden, zelebriert. Und dabei geht es nicht nur um die

---

* Afrikaans für grillen, ein BBQ.

gemeinsame Mahlzeit, sondern vor allem darum, zusammen am selben Tisch zu sitzen, oftmals bis spät in die Nacht.

Am ersten Abend in einer neuen Cabin, müde von der frischen Luft, vom letzten Schluck Pinotage, in ein gemütliches Bett zu fallen, vielleicht noch ein Buch aufzuschlagen, manchmal den Kamin anzuzünden, manchmal einfach nur bei offener Balkontür die Wellen rauschen zu hören – den Kopf schließlich aufs Kissen zu legen, die Woche zurückzulassen ist ein wunderschönes Gefühl. Eins, das sich niemals abnutzt.

Der einzige Plan, den wir an Cabin-Wochenenden haben, ist – (wieder) zu entdecken. Nicht nur das Unbekannte, manchmal auch einfach das, was wir ein paarmal übersehen haben oder jetzt wiederfinden. Es gibt kein Programm, keine festen Vorsätze, wir geben uns und dem Tag Raum, lassen uns ganz natürlich mit ihm treiben oder von ihm mitreißen. Ich genieße die erste, heiße Tasse Kaffee an der frischen Luft, Chris trinkt dann die zweite zusammen mit mir im Bett, manchmal zieht es uns danach nach draußen, auf eine Wanderung, manchmal verlaufen wir uns, sind stundenlang unterwegs, nehmen den Umweg einfach an und lassen uns auf ihn ein, manchmal geht Chris schon im Morgengrauen zum Fischen, und ich schreibe ein paar Gedanken auf, nutze die stillen Momente, um zu reflektieren, zu meditieren. Ich genieße es, diese Wochenenden mit der analogen Kamera zu dokumentieren, mit verschiedenen Filmen zu experimentieren, meinen Fokus zu verschieben. Wir spielen Backgammon (oder Monopoly Deal!), liegen faul in der Sonne, beobachten Vögel, verschmelzen mit der Weite, die gerade in den Bergen so greifbar wird, manchmal spazieren wir am Strand entlang – Chris entdeckt immer irgendetwas in den Wellen, einen Schwarm kleiner Fische, eine jagende Robbe, manchmal sogar Delfine –, lassen uns in einen Hot Tub sinken, mixen Drinks und verlieren uns in den Gesprächen, die uns einander näherbringen.

Es fühlt sich an, als ob wir eine Stopptaste drückten, ohne dass wir uns selbst dabei aufhalten müssten. Wir erleben, wir verarbeiten, wir verbinden uns zurück, wir gehen tiefer.

***

Der Slanghoek-Damm liegt vollkommen still vor uns, der orange verfärbte Himmel spiegelt sich in seiner Wasseroberfläche. Ich reiche Chris ein Glas Wein, setze mich in einen der beiden schweren Holzsessel, nehme einen Schluck und grinse ihn an, ich ziehe die Beine an, verstecke meine nackten Füße unter der Decke. Es wird gerade Frühling in Südafrika, die Abende werden länger, die Temperatur milder – aber sobald die Sonne sich in den Horizont neigt, wird es kühl hier draußen. Chris gibt mir einen Kuss, steht dann auf und zündet das Feuer in der Schale vor uns an.

»Ich hab das hier gebraucht«, sage ich über den Rand meines Glases hinweg und stütze mein Gesicht in die Handfläche, mein Blick ruht auf der Wasseroberfläche, saugt ihre Ruhe förmlich auf und lässt sie auf mein Innerstes wirken.

»Das Wochenende?«, fragt Chris.

»Nein, den Moment. Genau den, jetzt und hier.«

Wir tun nicht einmal etwas Besonderes, den Wein habe ich schnell aus dem Regal eines Supermarktes auf dem Weg hierher gegriffen, unsere Taschen stehen noch unausgepackt im Flur der Hütte, ich habe mir einfach Chris' Jacke über mein Sommerkleid geworfen, wir haben die beiden Sessel aus dem Eingangsbereich heraus auf die Terrasse gezogen, gerade noch rechtzeitig zum Sonnenuntergang. Unsere Szenerie wirkt bestenfalls improvisiert, aber der Moment darin ist echt, fühlt sich so vertraut, so warm an, wie nach Hause zu kommen. Chris legt seine Arme von hinten um meine Schultern, bleibt ein paar Sekunden lang still. Der Himmel über uns leuchtet noch einmal auf, als würde er mit aller Kraft noch einmal in den Tag atmen.

»Dit is 'n mooiste oomblik«, sagt Chris in mein Ohr. »It's the most beautiful moment.«

Oomblik - ist Afrikaans und steht für »den Moment«, den Augenblick, die Sekunde im Jetzt.

Leise spreche ich Chris nach, lasse die Balance der Buchstaben, den Klang des Wortes auf mich wirken - und seine Bedeutung. Und auf einmal weiß ich, dass meine Cabin, mein Gefühl, mein Wunsch für sie einen Namen hat.

Oomblik, zurück zum simplen Augenblick, zurück zu dem, was ist, was wir jetzt fühlen, was wir von hier aus sehen können.

Oomblik - zurück zum Moment.

Ratschläge

Ich greife nach dem Salz, streue erst eine Prise in meine Handfläche und verteile sie dann über meinem Shakshuka, nicke dabei immer wieder, während sie über ihren Bildschirm scrollt, Grafiken aufzieht und dann wieder verkleinert.

»Ich hatte an ein blasses Grün gedacht, inspiriert von den Fynbos-Farben, die wir bei unserem ersten Besuch aufgenommen haben, dann ein warmes Braun, um den Boden des Reserves und auch die Wurzeln des Projekts zu symbolisieren – und dann noch ein helles, reines Beige, das die Cabin symbolisiert und den unangetasteten Canvas, den Ort der Ruhe, den sie für den Gast darstellen soll. Es ist natürlich nur ein erster Entwurf …«

»Ich liebe es«, unterbreche ich sie. »Ich liebe alles daran.«

»… wir können natürlich noch eine Menge daran verändern oder verbessern.«

»Wir müssen nichts verändern.« Ich halte ihre Hand fest. »Es ist – all das, was Oomblik für mich ausmacht, nicht nur die Cabin, sondern das ganze Projekt. Jedes Detail der Umgebung, der Stimmung, der Pläne sitzt in diesen sieben Buchstaben, in ihrer Farbe, in ihrer Form. *You did it.*«

Wenn ich in unserer Freundschaft die war, die die Worte fand, war Maggs diejenige, die sie in Szene setzte. Die ihre Bedeutung und ihre Botschaft mühelos visualisierte und daraus ein Logo, eine Marke und eine Identität kreierte. Seit meine Cabin einen Namen hat – seit wir Oomblik geboren haben –, arbeitet Maggs an einem Logo, daran, meiner Marke und meiner Vision ein Gesicht und eine Botschaft zu geben. Bisher habe ich den Bau der Cabin vor allem auf Social Media beinahe unerwähnt gelassen. Sicher, ich teilte, dass ich mir ein Stück Land gekauft hatte, teilte meine ersten Schritte, den ersten Besuch und dann immer wieder meine Inspirationsquellen für den Entwurf – aber seit wir den Grund gebrochen haben, ist in mir das Bedürfnis gewachsen, den Prozess zu beschützen.

»Warum eigentlich?«, fragt mich Maggs, nachdem sie ihren Laptop zugeklappt hat und vorsichtig das Besteck aus der Serviette rollt. »Ich frage mich das schon seit einer Weile. Du teilst so viele Stationen deines Lebens auf Social Media, egal ob sie gut oder schlecht ausgegangen sind, und die Menschen lieben dich genau für diese Ehrlichkeit, folgen dir genau deswegen. Warum hältst du Oomblik so unter Verschluss?«

Ich breche vorsichtig ein Stück meines pochierten Eis auf, tauche es in das warme Tomatensugo und schiebe es mir in den Mund. Während ich kaue, versuche ich die richtigen Worte zu finden.

»Vielleicht ist genau das der Punkt. Ich teile die Dinge oftmals, nachdem ich sie erlebt habe, nachdem ich den Ausgang einer Geschichte entweder zuerst für mich selbst genossen oder aber verarbeitet habe. Ich beschütze den ersten Moment, das erste Bild in meinem Kopf, das noch echt, noch ungefärbt ist. Ich halte es fest, teile es nur mit mir selbst – oder jenen, die mir wirklich nah sind. Ich lasse den Moment, die Szene, die Euphorie, ihre Wärme, aber auch manchmal die Zweifel oder die Verletzlichkeit einsinken, bis sie in mir ihren Platz gefunden haben. Denn alles, was danach kommt, jedes weitere Wort, jede Reaktion, verfärbt den Augenblick. Manchmal sind es die unausgesprochenen Erwartungshaltungen, die du dennoch spürst, vielleicht sogar deine eigene, die sich in dir zu regen beginnt, manchmal sind es gesellschaftliche

Normen, manchmal schlicht die Emotionen und Meinungen vollkommen Fremder. In der Sekunde, in der ich etwas online teile, weiß ich, dass ein Teil davon von jetzt an auch allen anderen gehört. Und bevor ich das tue, will ich sicher sein, dass ich genug Zeit mit dem ungefärbten Augenblick verbracht habe, dass ich vielleicht sogar manchmal eine Erinnerung aus ihm gewinnen kann, die ich für mich behalte, die sich vielleicht auch mit der Zeit verändern wird, aber die mir dennoch niemand mehr nehmen kann. Macht das Sinn?«

Maggs nickt langsam, dann fällt ihr Blick auf ihren eigenen Ringfinger. »Eine Menge. Als ich mich verlobt habe, war mein erster Impuls, es mit der ganzen Welt teilen zu wollen. Kennst du dieses Gefühl, wenn du so viel Euphorie in dir trägst, dass du sie teilen willst? Damit sie nur noch größer wird?«

»Ja, als würde sie sich spiegeln und von der Freude der anderen zu uns zurückgeworfen werden.«

»Und genau das hat mich zurückgehalten. Ich lag im Bett, es war der Morgen nach unserer Verlobung, ich konnte nicht mehr schlafen, wollte aber auch niemanden wecken, schaute immer wieder auf das Funkeln meines Ringes und ließ mich zurück in die Bilder sinken, die sich im Bruchteil einer Sekunde vor meinem inneren Auge abspielten. Und auf einmal fühlte ich, wie wichtig es mir war, sie zu beschützen. Die Blase, in der ich gerade so lächerlich glücklich und unbeschwert war, sollte noch ein bisschen länger bestehen – was so absurd klingt, denn wer würde mir schon offen etwas Negatives zu meiner Verlobung sagen?«

»Und dennoch liegt in so vielen Gratulationen eben doch eine Reaktion, doch eine Bewertung. Das ging aber *schnell* bei euch, oh, *endlich* hat er dich gefragt, gut, dass ihr euch *so lang* Zeit gelassen habt, um euch wirklich *sicher* zu sein, was für ein schöner Ring, was für ein *schlichter* Ring, was für ein funkelnder, *riesiger* Stein, ist das ein *Diamant?* Und, wie geht es weiter? Habt ihr schon Heiratspläne? Hat er vorher deine Eltern gefragt? Sprichst du eigentlich portugiesisch? Wo wollt ihr zusammen leben? Bleibst du jetzt für immer in Kapstadt? Werden eure Kinder dann beide Pässe haben?«

Wir müssen beide lachen. »Hochzeiten, Hausbau – in der Sekunde, in der du irgendetwas bekannt gibst, was irgendwie auch alle anderen auf dem Zettel haben oder aber absichtlich von ihrem Zettel streichen, eskalieren die Menschen.«

»Hab ich dir eigentlich von der E-Mail erzählt?«, frage ich sie und trinke einen Schluck von meinem Orangensaft.

Maggs schüttelt den Kopf. »Welche E-Mail?«

»Ich hab sie vor ein paar Tagen im Postfach gehabt. Einer meiner Nachbarn im Reservat hat mir geschrieben. Er ist deutsch, seine Frau ist Südafrikanerin – und beide haben wohl auch einen Plot in der Nähe von Bain's Kloof gekauft. Und vor ein paar Tagen waren sie dann wohl mit den Mountainbikes unterwegs und sind zufällig an meiner Cabin vorbeigekommen.«

»Zufällig? Dein Grundstück liegt am Ende des Reservats, sozusagen in einer Sackgasse.«

Ich verziehe mein Gesicht und zucke mit den Schultern. »Das stand in der Mail. Jedenfalls wollte er nur mal Hallo sagen – und mich auf ein paar Baufehler hinweisen.«

»Bitte?«

»Kein Scherz. In der ersten Zeile stellt er sich vor, in der zweiten erzählt er mir, dass er vor ein paar Tagen rein zufällig meine Baustelle besichtigt hat, und dann fängt er an, Baufehler aufzuzählen. Das Dach mache ihm Sorgen, die Fensterrahmen kämen ihm nicht ausreichend abgestützt vor, und er frage sich, ob der Wasserdruck bei dem eher geringen Höhenunterschied von unserem Tank zur Cabin überhaupt ausreichen werde.«

»Du verarschst mich. Ist er quasi einmal um die Baustelle spaziert? Und teilt dir das jetzt auch noch in einer Mail mit? Ein Mensch, von dem du vorher nie gehört hast?«

Ich nicke, schlucke meinen Bissen herunter und putze mir mit meiner Serviette den Mund ab, bevor ich ihr antworte. »Das Ding ist ja: Unrecht hat er nicht. Oder besser gesagt, ich weiß es nicht. Aber dennoch habe ich seine Mail ernst genommen und sofort übersetzt und an Jemma weitergeleitet. Ich meine, niemand macht sich die Mühe und tippt so eine E-Mail, wenn er nicht zumindest einen Funken besorgt ist. Er hätte die Fehler, die wir seiner Meinung nach machen, ja auch genauso gut ignorieren und für sich behalten können ...«

»Oder eben nicht.«

»Was meinst du?«

»Manchmal habe ich das Gefühl, dass die Menschen, die dir wirklich einen guten Rat geben können, es gar nicht nötig haben, ihn dir aufzuzwingen. Aber die, die unbedingt ihre Meinung loswerden wollen, finden einen Weg, sie dich hören zu lassen. Notfalls eben auch per E-Mail.«

»Ich weiß, was du meinst. Und vielleicht ist es auch das, was sich für mich so komisch an der Mail angefühlt hat. Es war wieder einmal nur jemand, der ungefragt auf mich zukommt und mir eine Handvoll Fehler aufzählt. Es kommt aber so gut wie nie jemand auf dich zu und gibt dir wirklich einen Kontakt oder eine konkrete Alternative. Alles, was die Mail mit mir gemacht hat, war, mich vollkommen nervös zu machen und mich dazu zu bringen, Jemma anzurufen und all die Punkte, die dieser Jannik aufgezählt hat, mit ihr noch einmal durchzugehen.«

»Wie hat sie denn auf die *Hilfestellung* reagiert?«

»Ungefähr so wie ich. Zuerst war sie irritiert, ohne wirklich sagen zu können, warum. Es fühlte sich für uns beide einfach komisch an zu lesen, dass da jemand unsere Baustelle besichtigt und gefühlt nach Mängeln sucht ...«

Maggs schüttelt weiterhin den Kopf. »Mir würde das im Traum nicht einfallen.«

»... aber wir haben dann beide beschlossen, die Mail als ein gut gemeintes Feedback zu verstehen, lieber sprechen wir noch ein drittes Mal über eine Sache, als dass wir sie vergessen.«

»Das ist es gar nicht, was mich daran so stört. Sondern dieses unangenehme Gefühl, das mir diese E-Mail generell gibt. Ich glaube sogar, jede Frau kennt diese Situation: Du bekommst einen ungefragten Rat von irgendeinem Mann, oftmals in finanziellen, beruflichen oder eben in deinem Fall baulichen Fragen. Du hörst zu, du nickst und bleibst höflich, aber eigentlich brauchst du seine Sichtweise gar nicht, denn du hast dich mit dem Thema beschäftigt, du hast selbstständig schon an anderer Stelle nach Rat gefragt und eine Entscheidung getroffen. Aber das zählt in dem Moment nicht. Du musst dir das Mansplaining nicht nur bis zum Schluss anhören, du musst auch noch damit rechnen, dass dir, falls du dich dennoch anders entscheidest, ein ›Na dann, wenn du glaubst, du weißt alles besser‹ hinterhergeworfen wird. Ich habe mich so oft, gerade früher, beinahe gezwungen gefühlt, den Ratschlag eines Mannes anzunehmen, damit mir, wenn doch irgendetwas schiefgeht, nicht sofort entgegenschlägt, dass ich *selbst schuld* sei. Das ging so weit, dass ich manchmal regelrecht verunsichert war, wenn ich mich dem Ratschlag eines Mannes widersetzte, mich dann fragte, ob ich das Risiko zu sehr provozierte.«

»Ich weiß genau, was du meinst. Ich habe auch so oft das Bedürfnis, einfach einen Kollegen oder Bekannten um Rat zu fragen, aber wäge dann doch immer wieder ab. Weil ich fast schon weiß: In dem Moment, in dem ich frage, muss ich den Rat, den ich zurückbekomme, auch annehmen – denn warum frage ich sonst überhaupt? Und – wenn ich ganz ehrlich bin, dann kommt es mir manchmal so vor, als hätten auch Frauen dieses Verhalten zum Teil übernommen und dann schließlich internalisiert. Diesen Glauben, dass eine Frau, die um einen Rat bittet, ihn danach auch anzunehmen hat und ansonsten einfach ›ziemliches Glück‹ hat, falls ihre Entscheidung erfolgreich ist. Oder aber wenn die Sache einen anderen Ausgang nimmt – dann ist die Frau eben selbst schuld.«

»Erinnerst du dich an unsere Planungsphase für *We need Glasses?** Als wir gerade angefangen hatten, die ersten Touren nach Paarl und Stellenbosch zu planen und die *wine tastings* für unsere Gäste zusammenzustellen? Als alles noch in der Schwebe hing? So oft, wenn wir jemandem von unserer Idee erzählt haben, bekamen wir auch Ratschläge, haben sie aufgenommen und durchdiskutiert. Irgendwann hatten wir so viele unterschiedliche Perspektiven gehört, so viel Input bekommen, dass ich das Gefühl hatte, die größte Herausforderung für uns war, am Ende unsere eigenen Entscheidungen zu treffen und sie nicht zwischen all den anderen Stimmen zu überhören.«

»Ich weiß noch, dass ich irgendwann dachte, dass wir ja unmöglich alle Ratschläge annehmen können, gerade weil sie teilweise so gegensätzlich waren. Dass es stimmte, wenn wir zu hören bekamen: *Na ja, müsst ihr wissen.* Ja – *ja* –, am Ende mussten wir

---

* *We need Glasses* ist das gemeinsame Projekt von Lina und Maggs, mehr unter: www.weneedglasses.com

zwei wissen, was wir eigentlich wollten. Das größte Learning machst du eigentlich direkt zu Beginn deines Projekts: Kein guter Rat wird dich garantiert vor Fehlern bewahren. Du brauchst das Rückgrat, sie riskieren zu können – so oder so. Und wenn sie dann doch eintreten, wenn du Fehler machst, während du die Verantwortung für deine eigenen Entscheidungen trägst, dann fühlen sie sich nicht wie ein fremdbestimmtes Unglück an, das dir einfach passiert, sondern wie deine eigene Erfahrung, die du machst.«

Bad Birdwatcher

»How much skill was required? How much knowledge? How much scientific background? None, none, and none. Before the understanding comes the wonder and the delight. The only real skill involved when watching a bird, is willingness to look.«

Simon Barnes – *How to Be a Bad Birdwatcher*

»Nein, nein, nein, nein ...«, flüstere ich mit geschlossenen Augen und fahre mir mit beiden Händen über das Gesicht, als könnte das irgendetwas ändern. Auch wenn es *nicht wahr sein durfte* – es war schon wieder passiert, kein Zweifel. Zum zweiten Mal innerhalb kürzester Zeit.

Beim ersten Mal hatte es einen Aufprall gegeben, ein unerwartetes Buckeln des Bakkies, das mich in den Gurt warf. Noch dazu waren wir schwer beladen gewesen, gut vierhundert Kilogramm Gusseisen hatten Arbeiter morgens auf die Ladefläche gehievt, bevor wir zur Baustelle aufgebrochen waren.

Heute allerdings bin ich allein unterwegs, unbeladen, habe mich vorsichtig über die ersten zwei Drittel der Strecke gearbeitet, bevor ich für einen kurzen Moment glaube, nur in ein Schlagloch gefahren zu sein. Noch gut hundert Meter rolle ich weiter, bevor ich in einem Seitenweg parke. Als ich mich dazu überwinde, mich abzuschnallen und aus dem Auto zu steigen, fällt mein Blick sofort auf den Schaden. Kein Zweifel, der nächste platte Reifen.

Wofür du in Deutschland den ADAC rufst, brauchst du in einem südafrikanischen Naturreservat deine Nachbar*innen. Als mir vor gut einem Monat zum ersten Mal der Reifen zerborsten ist, weil ich einen großen Stein, der unter dichten Sträuchern lag, übersehen hatte, sind Jemma und ich erst zu Fuß zur Baustelle gewandert, nur um dann von dort aus wieder mit ins Tal zu fahren und das nötige Werkzeug für einen Reifenwechsel (der klassische Wagenheber aus dem Kofferraum funktioniert auf losem Sandboden natürlich nicht) aus dem Farmstall am Rande des Reservats zu holen. Zumindest der liegt heute nur einen Fußweg von vielleicht zehn Minuten entfernt, sodass ich mit dem minimalen Empfang, den ich hier mitten im Buschwerk habe, noch eine Textnachricht an José absetze, mit dem ich mich eigentlich in einer halben Stunde treffen wollte.

José fertigt für uns das Netz der gut vier Quadratmeter großen Hängematte, die wir in unser Deck integrieren wollen. Ich habe mich mit ihm verabredet, um die Konstruktion zu vermessen, den Plan für die Installation zu besprechen und schließlich ein passendes Material auszusuchen.

Zum Glück wird er vermutlich den gleichen Weg nehmen, den auch ich gerade gefahren bin, sodass wir uns zumindest nicht verpassen können.

Ich lasse den Hund aus dem Auto, schultere meinen Rucksack und biege auf den staubig-roten Sandpfad zurück ins Breedetal ab. Phoebe rennt mir weit voraus, bremst dann mit allen vier Pfoten, bevor sie zu mir zurückrennt und sich von mir ein paar Streicheleinheiten für ihren Sprint abholt. Dann beginnt das Spiel von vorn. Manchmal biegt sie in die Fynbos-Felder ab, läuft einer Spur nach, die sich irgendwann verliert, oder trinkt ein paar Schluck Wasser aus einem der kleinen Bäche, um sich zu erfrischen. Während eine Reifenpanne für mich gut 2.500 Rand Schaden und mindestens eine verlorene Hälfte des Arbeitstages bedeutet, ist es für die Hündin ein Bonusspaziergang, den sie in vollen Zügen genießt. Als wir am Farmstall ankommen, stoße ich beinahe mit René zusammen, der mit einer großen Kanne Kaffee auf die Terrasse kommt und sich zu einem Freund setzt. Wir begrüßen uns kurz, und er bietet mir einen Stuhl an.

»Willst du auch kurz frühstücken?«, fragt er, und ich schüttle den Kopf.

»Ehrlich gesagt wollte ich kurz nach Werkzeug fragen – oder besser gesagt nach Hilfe.«

»Alles okay?«

»Sagen wir so, dieser Bakkie, die Mount-Bain-Straßen und ich – das wird irgendwie keine tiefe Freundschaft mehr.«

René schüttelt lachend den Kopf, als ich ihm von meiner Panne erzähle. »Das ist *beginner's luck,* da mussten wir alle durch. Vielleicht nicht gleich mehrere Male, aber hey, jeder hat hier im Reservat schon einmal einen Reifen gelassen oder ist liegen geblieben. Die meisten Gäste fahren unsere Hauptstraßen entlang, damit dauert es zwar ein bisschen länger, bis sie an die anderen Cabins kommen, aber sie sind sicher. Die Arbeitsrouten hingegen werden kaum gepflegt, und immer wenn es jemand tut, wird danach gestritten, weil irgendein Erntefahrzeug oder ein Truck sie wieder beschädigt hat. Das geht seit Jahren so.« Er winkt ab. »Ich hab gegen Mittag ein bisschen Zeit und wechsele dir dann kurz den Reifen«, verspricht er und zeigt dann noch einmal auf die dampfende Kanne, die vor ihm auf dem Tisch steht. »Bist du sicher, dass du nicht doch einen Schluck willst?«

Während René wieder in seinen Jeep steigt und noch einmal in die Runde winkt, setze ich mich im Schneidersitz auf die große Holzbank, die ein bisschen abseits von der Terrasse steht. Die erste Welle an Frühstücksgästen ist gerade abgeebbt, außer mir sitzt nur noch ein Paar an einem der Tische. Neben ihren Füßen stehen zwei gepackte Taschen, das Kennzeichnen ihres Wagens deutet darauf hin, dass sie hier nur auf der Durchreise sind, sich noch einmal stärken, bevor sie die Fahrt zurück in den Free State antreten werden. Ich umfasse meine Fußgelenke mit beiden Händen und strecke meinen Rücken langsam durch. Dann lege ich den Kopf in den Nacken, lasse ihn vorsichtig kreisen und schließe dabei die Augen, atme tief, atme bewusst die frische Luft ein, konzentriere mich auf das Heben und Senken meines Brustkorbs, mache aus meiner Zwangspause ein kurzes Stück Ruhe, ein paar Minuten ohne irgendeinen Bildschirm, ohne Notizen und Aufzeichnungen, ohne Updates, ohne eine Stimme in meinem Ohr, ohne das Surren in meinem Kopf, das die To-dos entweder vor- oder zurückspult.

Ich sitze eine Weile einfach nur da. Gerade als ich mich langsam wieder auf meine Umwelt einlasse und die Augen öffne, um nach meinem Kaffee zu greifen, höre ich einen charakteristischen Ruf. Ich drehe mich um und versuche, die Laute zu lokalisieren, zuerst bin ich mir nicht sicher, ob ich sie richtig zuordne, aber als ich dann für den Bruchteil einer Sekunde das leuchtende Gelb flattern sehe, richte ich mich ruckartig auf. Da war er. Stößt noch einmal eine Reihe lauter Pfiffe aus, deren typischer Klang ihm seinen Namen gegeben hat. *Bok-bok-mak-kik. Bok-bok-mak-kik.*

Der Bokmakierie* zählt zu einem der für mich schönsten indigenen Vögel Südafrikas. Ich habe ihn schon unzählige Male erlebt, auf der Farm in Mpumalanga gehört sein Ruf für mich zu den Geräuschen eines Morgens, wenn Chris und ich Zeit in der Natur verbringen, uns für ein Wochenende in eine Cabin in der Nähe von der sandigen Fynbos-Landschaft Bredasdorps zurückziehen oder mit Freund*innen in den Cederbergen zelten, gleitet der Ruf des Bokmakierie immer wieder durch die Luft. Die meisten Südafrikaner*innen erkennen ihn so instinktiv wie wir Deutschen das Zwitschern der Schwalben im Sommer.

Gesehen habe ich ihn noch nie, denn anders als die *african weavers,* die ihre Nester oftmals in Scharen sogar in direkter Nähe zu Farmhäusern bauen, oder die vorwitzigen Honigvögel, die Spaziergänger*innen manchmal sogar neugierig folgen, ist der Bokmakierie

---

* Im Deutschen trägt er den eher unschmeichelhaften Namen »Bokmakiriwürger«.

ein scheuer Vogel. Bevor man ihm näherkommen kann, bricht er längst zum Flug auf.

***

»Es gibt da dieses ungeschriebene Gesetz, wenn du einen scheuen Vogel sehen willst«, hatte Otto zu mir gesagt, den ich auf einem *guided bushwalk* durch die Fieberbaumwälder Makulekes kennengelernt hatte. »Hab keine Kamera dabei, halte nie direkt Ausschau, und wenn du den Vogel siehst, schau ihn nicht an, während du dich ihm näherst, geh beinahe unbeteiligt an ihm vorbei.« Natürlich hatte er gescherzt, aber dennoch liegt etwas Wahres in diesem Satz. Es gibt Tage, an denen ich nur eine schnelle Runde mit den Hunden über den *pipe track* laufe und unzählige *sunbirds* dabei beobachten kann, wie sie sich ungestört von meiner Anwesenheit über die Proteaspitzen jagen, an anderen Tagen streife ich stundenlang ohne eine einzige Sichtung mit meiner Kamera durch das Gelände.

Es war auch jener Trip in den Norden des Kruger Nationalparks, der mich überhaupt zu einem *birdwatcher* machte. Während Chris und Otto nach einem *cardinal woodpecker* Ausschau hielten, lief ich damals noch vollkommen unwissend hinter den beiden her und fragte mich, warum wir versuchten, einem Specht aufzulauern, wenn wir genauso gut den Spuren einer Herde Elefanten hätten folgen können, die wir am Vormittag entdeckt hatten. Ich erinnere mich noch genau an meine Überraschung, als Chris, kurz nachdem wir zu Otto in den offenen Landrover geklettert waren, ein Bestimmungsbuch für Vögel herauszog und auf Ottos Frage, ob er auch ein *birder* sei, mit »Ja, leidenschaftlich sogar« antwortete. Die beiden klickten in jener Sekunde und ließen mich, zumindest an den ersten beiden Tagen unseres Trips, eher ratlos zurück.

Makuleke ist ein südafrikanisches Paradies für jeden *birdwatcher*. Nicht nur die Artenvielfalt, sondern auch die Population, selbst die der gefährdeten Arten, ist hier besonders hoch. Wer Großkatzen und Nashörner auf seiner Safari sehen will, der ist im touristischeren Süden des Krügers besser aufgehoben und wird hier oben eher enttäuscht – oder aber bekehrt – werden. Gäste, die sich den Norden aussuchen, wählen absichtlich die wilde Natur, die dichten Hartblattwälder und die Abgeschiedenheit der Region anstelle der Jagd nach den Big Five.

Chris und Otto bemerkten in jedem Busch, hinter jeder neuen Kurve und auf jedem noch so versteckten Zweig Bewegungen und benannten binnen Sekunden den jeweiligen Vogel, den ich nicht einmal sehen konnte. Aber das machte nichts, ich genieße den Busch, vollkommen egal, welche Tiere uns begegnen, ich genieße seine Geräusche, seinen Geruch, seine ganze Präsenz, wann immer ich ihn besuchen darf.

»... und die Vögel sind ein Teil davon. Mit der Zeit lernst du, nicht nur den Busch auf dich wirken zu lassen, sondern noch genauer hinzuhören, wirklich hinzusehen, deinen Sinnen zu folgen, sie dich leiten zu lassen«, sagte Chris abends am Lagerfeuer zu mir. »Versuch es morgen mal, am besten ganz allein und ohne dass du irgendetwas gezeigt bekommst. Geh hier im Camp spazieren, mach deinen Kopf ganz leer – und hör hin. Du brauchst dafür weder besonderes Wissen noch irgendeinen Vorsatz oder eine Ausrüstung. Bleib einfach ein paar Minuten stehen, und hör nur hin, bis du aus der Vielzahl an Geräuschen schließlich einzelne wahrnehmen kannst. Das Knirschen deiner eigenen Schritte, den Wind in den Blättern, das Summen der Insekten und schließlich den Ruf eines Vogels.«

Der erste Vogel, den ich während des Trips selbst identifizierte, war der Nashornvogel. Wobei ich seinen echten Namen erst später lernte und ihn auch nicht auf einem Spaziergang antraf, sondern während ich auf der Terrasse vor unserem Zimmer saß und einen Kaffee trank. Ich hatte noch ein paar Momente Zeit, bevor wir zur ersten Ausfahrt des Tages aufbrechen würden.

Der Vogel landete direkt vor mir, hopste ein paar Zentimeter auf dem Geländer entlang, beäugte mich, als würde er auf meine Reaktion warten, schüttelte sich und begann dann, vollkommen unbeeindruckt sein Gefieder zu putzen. Ich widerstand dem Wunsch, nach meiner Kamera zu greifen, denn ich wollte ihn nicht aufschrecken. Stattdessen blieb ich still sitzen und betrachtete ihn, seinen imposanten, gelben Schnabel, seine klaren Augen und das elegante Gefieder. »Zazu«,* flüsterte ich leise und musste lächeln, als er auf meine Stimme reagierte und wieder zu mir schaute.

»Congratulations, you are a birdwatcher now«, sagte Chris zu mir und grinste mich an, als ich ihm von meinem Moment erzählte.

»Ich weiß nicht, ob das wirklich zählt«, antwortete ich. »Ich wusste in dem Moment weder irgendein Detail über den Vogel, nicht einmal seinen richtigen Namen, und noch dazu habe ich ihn ja auch nirgendwo entdecken müssen.«

Chris schüttelte den Kopf. »Du hast ihn gesehen, oder? Und du hast ihm deine Aufmerksamkeit geschenkt, ihn dir ungestört angeschaut, du hast die ungezwungene Begegnung genossen und dann ziehen lassen. Das ist alles, was es braucht, um einen Vogel zu beobachten, um ein Lebewesen zu respektieren und es trotzdem zu erleben.«

Je mehr ich von Chris lernte, je mehr ich mich auf das *birding* einließ, desto mehr begann ich, nicht nur seinem Finger oder seinen Anweisungen mit dem Fernglas zu folgen, sondern auch selbst wahrzunehmen, wie viel Leben sich um mich herum entfaltete, in den Sträuchern und Bäumen, die ich sonst so achtlos passierte, in den Baumkronen oder sogar am Himmel, in den ich viel zu selten schaute. Mit jedem neuen Vogel, der uns begegnete, wuchsen mein Interesse und auch mein Wissen, und in mir wurde eine natürliche Neugierde wach,

---

* Erst später lernte ich, dass die Afrikaner ihren *Zazu* auch scherzhaft »*flying banana*« nennen.

ich hatte so viel Lust darauf, noch mehr zu entdecken, noch mehr zu lernen oder – zu erinnern.

Es ist verrückt, wie viel intensiver man seine Umwelt wahrnimmt, wenn man erst einmal beginnt, sie mit den Vögeln zu teilen. Das gilt nicht nur für Südafrika, auch zurück in Hamburg hörte ich nicht auf, genauer hinzuhören. Bei einem Spaziergang durch das Niendorfer Gehege fand ich einen Turmfalken, Rotkehlchen, einen Dompfaff, Meisen, Drosseln und Amseln. Ich musste die Namen nicht einmal nachschlagen – sondern erinnerte mich instinktiv an all das, was mein Opa mir vor Jahren bei jedem unserer Waldspaziergänge versucht hatte beizubringen. Mein Gedächtnis hatte all mein Wissen für mich gespeichert, ich hatte es nur lange Zeit vollkommen achtlos immer weiter unter so vielen anderen Informationen vergraben und vergessen. Ich fand noch einen Kleiber, einen Baumläufer, sogar zwei Buntspechte, die an einem hohlen Baumstamm arbeiteten, und schließlich sogar eine Gruppe winziger Zaunkönige, die sich in einem Strauch versteckten. Zuerst brachen sie scheu auseinander, aber als ich mich still auf den Boden setzte, all meine Bewegungen auf ein Minimum herunterfuhr und bereit war abzuwarten, kehrten sie zurück, hüpften unerschrocken über die Zweige und Blätter. Ich blieb beinahe eine halbe Stunde bei ihnen, bevor ich langsam aufstand, mich still für diesen Augenblick bedankte und weiterging.

***

Ich weiß, dass *birdwatching* für die meisten wie ein nerdiges Hobby klingt, das man mit beigen Funktionswesten und UV-Kleidung assoziiert, mit alten Männern und großen Objektiven. Für mich ist es eine Form von Meditation. Eine Art zu entspannen, meine Gedanken anzuhalten und mich selbst zurück in reinen Einklang mit meiner Umwelt zu bringen. Wenn ich einen Vogel beobachte, darauf warte, dass er sich an meine Anwesenheit gewöhnt, oder vorsichtig versuche, ihm zu folgen, kann ich fühlen, wie sich mein Herzschlag beruhigt, wie ich meine Atmung, meinen Körper und seine Bewegungen bewusster wahrnehme. Ich übe Geduld, ich werde zu einem Teil des Moments, ich erkenne an, dass er nicht mir gehört, aber ich genieße ihn, während er sich entfaltet. Ich verbinde mich zurück zur Natur, ich bemerke, ich schätze wieder, was längst da ist.

Bok-bok-mak-kik. Bok-bok-mak-kik.

Ich bahne mir vorsichtig einen Weg durch den Fynbos, gehe immer weiter auf den Ruf zu. Jeden einzelnen meiner Schritte setze ich bewusst, leise, bleibe immer wieder stehen und warte still ab.

Dann sehe ich sie. In einer Astgabel sitzt nicht nur ein Bokmakierie, sondern gleich zwei Männchen, deren Gesang sich abwechselt. Natürlich habe ich keine Kamera dabei – und bestätige damit abermals Ottos Gesetz. Aber das ist nicht weiter wichtig. Einen Moment später scheucht das Rütteln eines Trucks die beiden ohnehin auf und lässt sie wieder ins Dickicht verschwinden.

Ein alter Toyota arbeitet sich klappernd über den Sandweg, verlangsamt seine Geschwindigkeit, als der Fahrer mich winken sieht. »José?«, rufe ich und sehe ihn hinter dem Steuer nicken.

»Sitzt du schon lange hier?«, fragt er, als ich auf ihn zulaufe und ihn durch das offene Fenster auf der Beifahrerseite begrüße.

»Nein, nein. Ich hatte nur eine Reifenpanne und hab hier auf dich gewartet.«

»Ohhh – *beginner's luck*, hey?«

Ich grinse und zucke mit den Schultern. »So was in der Art.«

Gerede

Als ich mich eine Stunde später von Magdalena verabschiede und in der Sonne Kapstadts zurück nach Hause schlendere, wollen sie mir einfach nicht aus dem Kopf gehen, all die Sätze, die ich über meine Cabin, über mein Leben in Südafrika oder generell meine Träume immer wieder ungefragt zu hören bekommen habe. Sätze, die in meiner Abwesenheit gesagt wurden und dennoch ihren Weg zu mir fanden, Sätze, die in meinem Postfach landeten oder manchmal, bei einem Abendessen, sogar direkt auf meinem Teller. Sie sind nie neu, sondern mir längst bekannt, und meistens ziehen sie durch mich hindurch, aber gerade in letzter Zeit bleiben sie immer öfter hängen, nähren sich an meinen eigenen, leisen Zweifeln, verhaken sich in jeder noch so kleinen Unsicherheit und reisen mit ihnen in mein Bewusstsein. Dort werden aus den halben, unfertigen Sätzen dann laute Stimmen, die Kritiker im eigenen Kopf, denen es vor allem darum geht, gehört zu werden.

Ich beschließe, sie aufzuschreiben, diese Sätze, die eigentlich keinen Platz verdient haben, aber dennoch so dringend einen brauchen, an dem sie haften bleiben können – damit ich sie zusammenfalten und zur Seite legen kann.

- »Du willst allein bauen? Ohne Absicherung mit einem zweiten Einkommen im Haushalt? Hast du dir das gut überlegt?«
- »Na, hoffentlich geht dir das Geld nicht auf halber Strecke aus, hört man ja immer wieder.«
- »Gerade als Frau wirst du es schwer haben.«

- »Stell dir das nicht so einfach vor, ein Haus zu bauen.«
- »Überhaupt, Südafrika, ist das nicht gefährlich? Ich könnte da ja nicht leben.«
- »Du musst immer mit einem Bein in Deutschland bleiben, damit du zurückkommen kannst, du wärst nicht die erste Deutsche, die im Ausland an ihren Träumen scheitert.«
- »Und das Risiko ist dir egal?«
- »Du musst ja nicht jeden Ratschlag annehmen, aber man muss auch *mal* zuhören.«
- »Soll das Dach so aussehen? Hast du das wirklich von einem Statiker prüfen lassen?«
- »Was will man eigentlich mit einer Cabin in der Einöde? Wer soll da hinkommen?«
- »Ich hätte ja lieber irgendwo am Strand gebaut.«
- »Alles so hell gestrichen? So große Fenster? Na, dann viel Spaß beim Putzen und Immer-wieder-neu-Streichen.«
- »Bist du dir eigentlich sicher, dass du das packst?«
- »Am Anfang macht alles Spaß, aber warte erst mal ab, bis …«

Ich habe hier noch ein wenig Platz gelassen. Für deine Sätze, deine Stimmen, die irgendwo bleiben müssen, damit du sie – wenn auch nur eine Weile – loslassen kannst.

Braaibroodjies

*Braaibroodjies** (übersetzt: Grillbrötchen) sind ein traditionelles südafrikanisches Gericht, das kleine Highlight eines *Braais*, meine heimliche Sucht und der perfekte, simple Starter.

Zutaten:

- Toast
- frische Tomaten
- Zwiebeln
- zwei verschiedene Sorten Käse (mild und würzig)
- Butter
- Jalapeños (bei Bedarf)

Zubereitung:

- den Toast einseitig buttern (wichtig, die Butter ist am Ende unten beziehungsweise oben)
- mit Käse, Tomatenscheiben, Zwiebeln, eventuell Jalapeños und wieder Käse belegen
- die zweite Toastscheibe oben auf den Käse legen (gebutterte Seite zeigt nach oben)
- auf den *Braai* (Grill) legen, bis der Toast knusprig gebräunt und der Käse geschmolzen ist

Thank me later!

---

* Aussprache: »Braibröukies«.

Egos

»Dann brauche ich hier noch deine Unterschrift.« Sie blättert die Seite des Bogens um und tippt auf zwei weitere freie Linien. »Außerdem noch hier und hier.«

Ich zeichne mit schnellen Strichen die Bögen ab und lege den Stift zur Seite. Gemeinsam rollen Jemma und ich die Pläne ein und versiegeln sie. Innerhalb von zwei Wochen ist es die vierte Änderung der Pläne, die beim Bau der Cabin nötig wird. Unnötig zu erwähnen, dass beinahe jede Änderung Extrakosten mit sich bringt. Das Deck muss zusätzlich verstärkt werden, die Dachbalken aufgestockt, Jemmas Plan für unsere Gasversorgung hat sich als fehlerhaft erwiesen, ein vermeintlich kleines Detail wie das, einen größeren Geyser zu verwenden, zieht eine lange Liste an strukturellen Änderungen nach sich. Jede diese Änderungen hat Themba eingepreist, ich zeichne sie ab und überweise die Mehrkosten. Offenbar sind mir meine Gedanken anzusehen.

»Ich weiß, dass das gerade so ziemlich die frustrierendste Phase des Baues für dich ist«, versucht Jemma mich zu beruhigen. »Du siehst kaum Veränderungen, es kommen Zusatzkosten auf dich zu, die wir zwar eingeplant haben, die aber natürlich trotzdem wehtun, und jede Änderung kostet noch einmal Zeit. Aber – bisher liegen wir noch immer im Budget und im Rahmen unseres Zeitplans. Also kein Grund zur Sorge, alles unter Kontrolle.«

Ich nicke, zucke mit den Schultern, dann ringe ich mich doch zu einem Lächeln durch. »Es fühlt sich einfach gerade so an, als würden wir auf der Stelle treten. Seit Wochen hat sich nicht viel an der Cabin verändert, und es ist fast Oktober. Wir wollen in nicht mehr als fünf oder sechs Wochen fertig sein, und im Moment hat die Cabin weder fließendes Wasser noch Elektrizität oder überhaupt Fenster!«

»Was mich zu meinen letzten zwei Punkten bringt, die ich mit dir besprechen muss …« Jemma öffnet ihren Laptop, loggt sich in ihr Mailprogramm ein und dreht den Bildschirm zu mir um. »Welche Nachricht zuerst?«

»Immer die schlechte.« *Eat the frog first, right?*

»Okay, das Angebot für die Fenster ist reingekommen. Und es liegt bei allen drei Anbietern ein bisschen höher, als wir es erwartet haben.«

Ich scanne mit einem schnellen Blick die Dokumente. Als ich mich durch alle Summen geklickt habe, stoße ich einen tiefen Atemzug aus und sehe Jemma an. »Ein bisschen höher? Jemma, das ist fast doppelt so viel, wie du geschätzt hast. Wie kann das sein?«

»Die Referenzpreise, die ich hatte, waren *pre-pandemic,* mittlerweile ist der Stahl-, aber auch der Aluminiumpreis rasant gestiegen, selbst Glas und generell jeder Import sind teurer geworden – und die Verfügbarkeit geringer. Das spüren wir jetzt natürlich.«

»Okay, die gute Nachricht?«

»Wir sparen ein bisschen an unserer Solaranlage, ich konnte uns einen Discount von zehn Prozent heraushandeln!«

Umgerechnet sind das gut vierhundert Euro, die wir sparen. Wahnsinn.

»Hey!« Jemma lehnt ihre Schulter gegen meine und gibt mir einen kleinen Schubs. »Jetzt nicht schlappmachen. Wir sind bei 66,6 Prozent – den Rest schaffst du jetzt auch noch, auch wenn die Luft gerade ein bisschen dünn scheint.«

Ich wische mir mit beiden Händen über das Gesicht und seufze laut. »Es fühlt sich nur so an, als würden uns Zeit und Geld gleichzeitig zwischen den Fingern zerrinnen. Ich gehe jeden einzelnen Abend die Budgets durch, dann den Zeitplan, dann den vermutlich ersten Tag, an dem ich die Buchungen öffnen kann. Und wann immer ich dann Bilder der Baustelle sehe oder sie selbst besuche, bekomme ich ehrlich gesagt Angst. Für mich fühlt es sich gerade unmöglich an, dass wir es rechtzeitig schaffen, dass wir wirklich spätestens im November fertig sind.«

»Wir werden es sein müssen. Am 15. Dezember beginnt der Jahresurlaub der Baubranche, alle Handwerker, alle Zulieferer und selbst alle Aushilfen haben einen Monat lang frei. Wenn Themba also nicht einen Monat lang für den Stillstand des Projekts aufkommen will, was er sich schlicht nicht leisten kann, muss er jetzt das Tempo anziehen. Und ich bin ja auch noch da, um das abzusichern. Klar, dass du das alles intensiver fühlst, es ist dein erster Bau, du weißt noch nicht, was auf dich zukommt, und kannst dir gerade die Arbeitsschritte und ihren Umfang nicht vorstellen, weil du den Fortschritt nicht siehst – aber glaub mir, ich habe das schon so viele Male mitgemacht, am Ende sind wir immer fertig geworden. Immer. Deins wird bestimmt nicht das erste Projekt, das ich nicht fertigbringe.« Sie drückt kurz meine Hand, dann schenkt sie uns Wasser nach. Ich leere mein Glas in einem Zug. »Hast du eigentlich mal darüber nachgedacht, noch einen zweiten Investor mit ins Boot zu holen? Einfach, um dir ein bisschen mehr Luft zu verschaffen?«

»Ich dachte eigentlich, der erste würde mir Luft verschaffen.«

»Ich würde sagen, er hat dir das zweite Schlafzimmer verschafft, die größeren Fenster und die Sicherheit, dass wir den Bau durchziehen können, auch wenn unerwartete Kosten auf uns zukommen. Aber mal ehrlich, gäbe es denn die Option?«

»Ich habe tatsächlich vor ein paar Tagen eine E-Mail mit einem Angebot für ein Zweitinvestment bekommen.«

»Und?«

»Ich weiß es nicht, um ehrlich zu sein. Ich weiß nicht, ob ich mir vorstellen kann, noch einen zweiten Teilhaber mit ins Boot zu holen.«

Das stimmt zwar, ist aber nicht die ganze Wahrheit. Tatsächlich hat mich das Angebot, das an die Mail angehängt war, interessiert, die Nachricht selbst war es, die mich irritierte. Ich kannte den Absender nicht persönlich, sondern nur über ein paar Kontakte, die wir gemeinsam hatten. Oomblik hatte er online entdeckt, durch Zufall meine Suche nach einem Investor gesehen und beschlossen, »dass das Ding ein fettes Potenzial hat«. Er fragte nach dem Zugang zu meiner Kalkulation, ließ mich aber in einem Nebensatz wissen, dass das vor allem theoretische Details seien. »Lass einfach mal bei einem Call sehen, ob der *vibe* passt! Wenn du mich abholst, bin ich *on board.* Das entscheidet dann direkt das Bauchgefühl.«

Ich konnte nicht genau sagen, was mich an der Mail störte, vielleicht der Nebensatz, dass ihn als Investor meine Umsatzprognosen nicht wirklich interessierten, vielleicht der Unterton, der andeutete, dass es lediglich an ihm lag, zu diesem Projekt Ja oder Nein zu sagen. Zwischen den Zeilen wirkte es fast so, als wäre meine Rolle vorrangig die, ihn davon zu überzeugen, dass mein Projekt sein Interesse verdiente – dass ich ihn für einen passenden Investor hielt, schien er vorauszusetzen.

»Interpretier da nicht zu viel hinein«, riet mir eine Freundin, die Phillip aus einer gemeinsamen Zusammenarbeit kannte. »Er klingt manchmal ein bisschen drüber in seinen Mails, aber er hat das Herz am rechten Fleck, und ich finde sogar, er kann sich am Ende auf seine Erfolge auch ruhig etwas einbilden. Nimm es als Kompliment, dass er den Kontakt zu dir sucht, und telefonier auf jeden Fall mal mit ihm! Du hast ja absolut nichts zu verlieren, aber er hat vielleicht wirklich ein Angebot, das du nicht ausschlagen willst.«

Als ich Phillip am nächsten Tag auf seine Mail antwortete, ihm meine Nummer sendete und einen Call in der kommenden Woche vorschlug, klingelte nicht einmal eine halbe Stunde später mein Handy. »Ich dachte, ich ruf dich einfach mal spontan an, nichts erwarten, einfach wählen, einfach gucken, ob du 'nen Moment hast«, begann er, nachdem er sich kurz vorgestellt hatte. Phillip ist ein spontaner Mensch, das betont er immer wieder, ein Bauchmensch, einer, der in Gefühle investiert und in Visionen. Einer, der damit den Markt revolutioniert hat, der Preise für seine Projekte und Erfolge gewonnen hat. Phillip ist auch ein Mensch, der viel redet, noch mehr als ich, viel über sich, meistens über sich, ganze 15 Minuten – nur über sich. Ich war mir nicht sicher, ob er sich selbst feierte oder pitchte. Auf jeden Fall hielt er diesen Monolog nicht zum ersten Mal.

Immer wieder betonte er, dass er für viele Start-ups die Initialzündung, mit seinen Connections eine Art Katalysator für den Erfolg war. »Wenn du mein Projekt bist, dann push ich dich, nicht nur finanziell, sondern auch mit meinem Netzwerk. Ich schick dir ein paar Leute in deine Cabin, die ganz Deutschland kennt, die mediale Reichweite haben, deren Follower binnen Minuten auch all das buchen, kaufen wollen, was sie gerade leben, und im Handumdrehen bist du ausgebucht, boom!« *Boom.* Aha. »Ich komme in ein paar Tagen nach Kapstadt, lass uns da noch mal treffen und über Details quatschen, mir war wichtig, dass wir uns mal kurz hören, uns verstehen. Also von meiner Seite aus klickt es. Wenn du willst – lass uns das Ding durchziehen und vor allem: Lass es groß machen!«

Wollte ich das? Mein Projekt groß machen? Ausbuchen, aufblasen? Natürlich war mein Plan, dass Oomblik sich selbst tragen würde, natürlich wollte ich mir mit dem Projekt auch ein weiteres finanzielles Standbein aufbauen. Aber der viel größere Teil in mir, ja, vielleicht mal wieder der idealistische, der, der auf diesem Stück Land wirklich einen Moment schaffen und einen Beitrag zum nachhaltigeren Tourismus liefern wollte, der Teil, der einem inneren Kompass folgte – der bäumte sich auf, wollte Phillip und sein Angebot einfach nur abschütteln. Aber der Kritiker in meinem Kopf rückte seinen Stuhl zurück und setzte an:

Was für eine Überraschung, stehst du dir also mal wieder selbst im Weg, sabotierst deinen Erfolg, weil du es unbedingt anders machen willst als die, die ihn schon feiern. Anstatt von Phillip zu lernen oder zu profitieren, lehnst du ihn ab. Schön blöd. Wenn dir das Geld ausgeht, wenn niemand diese Hütte da im Nirgendwo buchen will, dann wünschst du dir, du hättest nicht auf deinem noblen Ross und deinen verklärten Idealen gesessen, sondern zugehört und zugegriffen, als das Universum dir eine Chance vor die Füße gelegt hat. Wo sind die Menschen, die mit Phillip gearbeitet haben? Und wo bist du?

***

Mitte November reist Phillip nach Kapstadt. Er will mich persönlich treffen, will sich die Baustelle angucken, will Oomblik verstehen lernen – und das Ganze mit einer Produktion verbinden, für die er beruflich ans Westkap gekommen ist. Zuerst braucht er allerdings einen Mietwagen. »Meinst du, du kannst mir einen organisieren?«, fragt er mich per Textnachricht kurz nach seiner Landung. »Wir gehen jetzt erst mal frühstücken, aber nachher brauchen wir unbedingt 'ne Karre – und hey, du bist der Local, du weißt wahrscheinlich am allerbesten, wo ich hier kostengünstig ein sicheres Auto herbekomme.«

Von Avis, Hertz, Sixt oder Bidvest, denke ich und schlage ihm ein paar Autos über einige Links vor.

»Kannst du das eventuell für uns eintüten?«

»Es geht wirklich am einfachsten, wenn du dich gleich im WLAN einfach mit deinen eigenen Daten einloggst und das Auto selbst buchst, dann gibt es auch keine Unstimmigkeiten mit den Namen, Kreditkarten und Ausweispapieren«, antworte ich.

»Verstanden. Lassen wir das.«

Zwei Tage lange höre ich nichts mehr von ihm, frage zwar, wie ihm die Stadt gefällt und ob er sich mit mir lieber zum Lunch oder zum Abendessen treffen will, aber bekomme keine Antwort.

Erst als er eine Reservierung für ein Dinner mit Freunden braucht, höre ich wieder von ihm. »Wäre super, wenn du da was für uns klarmachen kannst«, tippt er. »Und falls du noch ein paar Tipps für gute Bars hast oder 'ne Einladung auf eine Party, die sich gut anhört, ich freu mich über ein *plus one, two, three, four ...*«

Den Tisch reserviere ich ihm, die Bars zähle ich auf, die Einladung kann ich ihm nicht bieten. Als er mich im Morgengrauen um gerade einmal sechs Uhr anruft, nehme ich ab.

»Bock, heute was Geiles über deine Cabin zu drehen?«, fragt er, als die Verbindung zustande kommt. »Ich hab zwei Kumpels aus München für 24 Stunden eingeflogen. Die landen heute am Vormittag und haben richtig Bock.«

»Ähm«, mache ich und brauche einen Moment, um seine Anfrage zu verarbeiten. »Ich arbeite heute den ganzen Tag für *We need Glasses*, wir haben heute eine ausgebuchte Weintour durch Stellenbosch. Ich kann dich unmöglich hoch nach Bain's Kloof begleiten, aber wenn du magst, kann ich dir eine Wegbeschreibung geben oder Themba bitten, dich am Eingang zum Reserve abzuholen.«

»Komm, die Gelegenheit ist einmalig! Wir können da 'nen richtig geilen Imagefilm shooten.«

»Phillip, ich muss heute wirklich arbeiten.«

»Okay, verstanden. Sorry für die Störung, dachte, du hast Bock, bist spontan. Aber lassen wir das.«

Damit endet unser Gespräch. Und damit wahrscheinlich auch sein Angebot und jede weitere Kommunikation.

***

»Sekunde, er hat Kumpel aus München eingeflogen, um hier in Südafrika für 24 Stunden einen Imagefilm zu shooten? Was?«, fragt Maggs aufgebracht, als ich ihr die Geschichte abends bei einem *debrief* und einem Glas Wein erzähle.

»Jep.«

»Weil? Weil es in Kapstadt keine guten Videografen gibt? Oder weil das seine Vision von nachhaltigen Transportwegen ist?« Sie schüttelt verständnislos den Kopf. »Was ist los mit dem Typen?«

»Das, was mit viel zu vielen Männern, gerade in der deutschen Start-up-Szene, los ist«, antworte ich. »Sie sind es gewohnt, dass sie pitchen, flexen und performen können, dass ihre Person die Marke ist, ihr Ego das Konzept. Sie sind es gewohnt, dass im Hintergrund jemand das eigentliche Konzept schreibt oder liest, die Reisen organisiert, die Autos mietet, die Präsentation zusammenbaut, die Termine managt, dass es im Hintergrund irgendeinen fleißigen Assistenten oder – seien wir ehrlich – irgendeine *Frau* gibt, die den eigentlichen Job macht, damit sie Zeit haben, *spontan* zu sein.« Ich merke, wie ich mich in Rage rede. »Natürlich kann er seine Termine umwerfen, wie es ihm passt, erreichbar oder unerreichbar sein, natürlich steht es ihm frei, sein *Ding zu machen,* seine Projekte *groß* und vor allem *über sich selbst zu reden.* Das, was mich daran ankotzt, ist einfach, dass er es vollkommen billigend auf dem Rücken eines Teams tut, das sich für ihn krumm macht, während er sich abfeiert. Alles, was er bisher von mir wollte, war zu springen, wann immer er sein Handy in die Hand nimmt und eine Konversation eröffnet. Und in der Sekunde, in der mein Commitment dafür fehlt, bin ich für ihn wertlos.« Ich leere mein Weinglas, dann sehe ich Maggs direkt an. »Ich hab es so satt. Und vielleicht merke ich gerade erst, wie wütend ich wirklich bin. Wie genervt ich von Männern bin, die es einfach gewohnt sind, dass eine Frau ihre Arbeit macht. Die es schon in der Grundschule antrainiert bekommen, dass Mädchen fleißig und Jungs eben flapsig sind, denen man alle Zeit der Welt einräumt, irgendwann erwachsen zu werden, *because boys will be boys,* während man von jungen Frauen Selbstdisziplin und Zielstrebigkeit fordert, ach, erwartet. Jeder von uns kennt den Typen im Gruppenprojekt, den du durchschleifst, der sich bis zum Vortrag nicht einmal die Notizen angeschaut hat, der den minimalen Sprechanteil hat und dennoch profitiert. Es ist genau derselbe Typ, der Jahre später selbstgefällig in einem Pitch sitzt und sich für eine Idee feiert, die er in den Raum geworfen hat und die andere erarbeitet haben, und der dann Sätze sagt wie: ›Ihr müsst alle mal ein bisschen lockerer werden, spontaner sein. Chancen ergreifen und nicht zu lange darauf rumdenken. Ich habe keinen Erfolg, weil ich mich hinter meinem Schreibtisch und irgendwelchen Kalkulationen verstecke, sondern weil ich da draußen meine Visionen verfolge! Einfach machen, geilen Scheiß einfach anpacken und machen, statt zerreden.‹ Aber leider vergisst er dabei, auf wessen Kosten sein *Spontansein* geht, wer hinter ihm aufräumt, wer hinter ihm verstecken muss, was schiefgegangen ist. Ganz ehrlich? Während er *echt Bock hat,* hab ich nicht das geringste Interesse, mein Projekt auch nur in seine Nähe zu lassen. Denn ehrlich gesagt, dieser Typ, seine ganze Branche, ist all das, was ich nicht bin, was Oomblik nicht sein wird.«

Maggs grinst mich an. »Good for you, girl.«

***

»Hey, Lina, Zeit zu reden?«, steht eine Woche später auf meinem Bildschirm. Phillip. »Ich sitze gerade im Rosetta, falls ihr heute nicht auf Weintour seid, kommt gern auf einen Kaffee vorbei.«

Ich zeige Maggs die Nachricht, sie rollt ihren Stuhl dichter an meinen heran. »Auf einmal interessiert er sich dafür, dass du einen Job hast?«

Ich zucke mit den Schultern.

»Und, gehst du?«

»Soll ich?«

»Ich wäre ja schon neugierig, was es zu *reden* gibt. Und im Zweifelsfall kannst du ihm dann wenigstens persönlich das Projekt absagen.«

Ich ziehe mir meine Jacke an und laufe die wenigen Stufen von unserem Büro bis zum Coffee Shop herunter. Das Rosetta liegt zwischen der Bree Street und der Short Market Street und damit genau unter unserem Büro. Um mich mit Phillip zu treffen, muss ich nicht einmal zwei Minuten Weg investieren. Der Aufwand scheint fair.

Als ich durch die Tür komme, erkennt er mich sofort. »Hey«, sagt er, steht auf und bietet mir einen Platz neben sich an. Der Espresso vor ihm ist leer und wird gerade von der Barista gegen einen frischen ausgetauscht. Ich bestelle einen Cappuccino und setze mich. »Ich dachte, wir treffen uns einfach mal persönlich, reden vielleicht doch noch mal, ich hab das Gefühl, wir sind auf dem falschen Fuß gestartet, vielleicht war meine Erwartungshaltung auch einfach falsch, kann ja sein.«

Ich nicke.

»Ich dachte mir einfach, ich komm hierher, biete dir dieses Investment an und du – ja – kümmerst dich ein bisschen mehr. Ich meine, ich hab dir hier zwei Kumpels eingeflogen, um einen Imagefilm zu drehen, dir richtig geiles Material von deiner Cabin zu produzieren, aber von dir kam so gar nichts.« Er zuckt mit den Schultern, pausiert zumindest so lang, dass ich antworten kann.

»Phillip, ich hätte mich gern mit dir getroffen, ich hätte dir gern mehr von Oomblik erzählt, aber die Chance hat sich bis jetzt ja gar nicht ergeben. Bisher wolltest du von mir einen Mietwagen, ein paar Reservierungen und schließlich, dass ich meinen Job kurz mal nicht mache, um mit dir auf die Baustelle zu fahren. Und das war einfach nicht drin.«

»Seh ich ja auch ein. Wie gesagt, vielleicht war meine Erwartungshaltung falsch, vielleicht war ich auch einfach ein bisschen enttäuscht, weil ich es anders gewohnt bin. Ich biete dir an, Geld in dein Unternehmen zu stecken, irgendwie erwarte ich dann auch, dass da ein bisschen Dankbarkeit und ein bisschen Interesse zurückkommt. Aber ...« Er hebt die Hände. »... wir haben jetzt einmal drüber gesprochen, für mich abgehakt. Musste das ein paar Tage sacken lassen, logisch, aber einmal kurz rauslassen, und man kann wieder weitermachen.«

Weitermachen?

»Ich meine, deine Idee, dieses *hideaway* im Nirgendwo, aber trotzdem keine stundenlange Fahrt von der Stadt entfernt, die ist einfach geil, es passt einfach. Die Leute zieht es einfach wieder zurück in die Wildnis, zurück in das Ursprüngliche, wenn's um den Tourismus geht, ohne dass sie dabei unbedingt auf ihren Komfort verzichten wollen. Ich glaube wirklich, dass du da einen Nerv triffst und dass du die Chance haben wirst, nicht nur eine, sondern vielleicht auch mehrere Cabins zu bauen und Oomblik zu einer stabilen Marke im Tourismussektor auszubauen.«

»Ja, das ist natürlich der Traum, mehr als eine Cabin zu haben, vielleicht auch in unterschiedlichen Vegetationen, in unterschiedlichen Teilen oder Facetten des Lan...«

»Genau!«, unterbricht er mich. »Ich mag es, dass du bereit bist, jetzt schon weiterzudenken, da will ich ansetzen, davon will ich ein Teil sein. Darum hab ich unseren Kontakt ja hergestellt und auch nicht abreißen lassen. Weißt du, das Gesamtpaket stimmt. Du baust nicht einfach nur ein Ferienhaus, nein, du versuchst es nachhaltig, ökologisch autark, das ist eh schon mal geil, das hören die Leute gern, nachhaltig ist in Deutschland gerade eh Trend. Und gleichzeitig wanderst du auch noch nach Südafrika aus, lebst hier deinen Traum, bist als Local integriert, dein Freund quasi der relaxte Surferboy, du hast hier ja sicher auch Freunde unterschiedlicher Herkunft, auch ein paar PoCs* – du weißt, was ich meine. Die Geschichte kann man so geil erzählen und aufziehen. Es passt einfach. Die Cabin passt, du passt – und ich glaube, wir passen auch.«

---

* PoC = Person of Color.

Ich habe zu viele Antworten, zu viele Reaktionen, fische in mir selbst nach nur einer und bringe trotzdem zu wenig heraus. Zumindest fühlt es sich so an, wann immer ich heute noch einmal an dieses Treffen denke, an all das, was Phillip sagte oder zwischen die Zeilen schob. Ich wünschte, ich hätte ihn ebenfalls unterbrochen, hätte ihn für den *shit,* den er da von sich gab, verbal zur Verantwortung gezogen. Für sein *greenwashing,* für sein herablassendes, respektloses *storytelling,* für sein blindes *entitlement.*

Aber ich sage nur: »Ich finde leider, es passt nicht.«

Damit schlage ich sein Angebot aus. Ich sehe ihm an, dass er das Gleiche denkt wie mein innerer Kritiker: *selbst schuld.*

`Ganz genau, denke ich.`

Baustopp

Ich drehe den Hahn auf, lasse den festen Strahl heiß werden, auf eine Hand prasseln, bevor ich mich unter ihn stelle. Ich schließe die Augen, konzentriere mich auf die sanfte Massage meiner Kopfhaut, das Schäumen des Wassers, wenn es meinen Scheitel trifft. Ich warte, darauf, dass sich der Kopfschmerz abwäscht, den die drei Gläser Rotwein zurückgelassen haben, die ich gestern schweigend getrunken habe, darauf, dass das Pochen nachlässt, dass ich überhaupt wieder etwas anderes spüre als das dumpfe Klopfen in meiner Brust, das nicht mehr aufhört, aber trotzdem in keine Richtung ausschlägt. Ich starre auf die weißen Fliesen vor mir, lecke mir die warmen Tropfen von den Lippen, warte darauf, dass ich in irgendeine Richtung ausschlage. Aber nichts passiert. Irgendwann wird das Wasser lau.

***

Mittlerweile müsste der Schock abgeklungen sein, vielleicht hat er sich aber auch einfach nur verändert, ist zu einer ständigen, lähmenden Erschöpfung geworden, die sich manchmal als Schmerz verkleidet und sich trotzdem nicht danach anfühlt.

»Ich muss dir leider mitteilen, dass Themba nicht auf die Baustelle zurückkehren wird.«

Wo fange ich an zu erklären, was ich selbst noch immer nicht richtig verstehe, nicht nach all den Anrufen und aufgewühlten Gesprächen, nicht nach den unzähligen Sprachnotizen, den E-Mails, die ich wieder und wieder aufarbeitete, um nach fehlenden Protokollen zu suchen und mir gesendete Bilder ein drittes Mal anzusehen, nicht einmal jetzt, wo die Fakten unübersehbar vor mir liegen.

Themba ist weg. Jemma auch. Nichts ist fertig. Okay, das stimmt nicht. Ich bin es. Ich bin vollkommen – fertig.

***

Begonnen hat es mit einer unangekündigten Inspektion vor mehr als einem Monat. Ein Mitarbeiter des Bauamtes besuchte die Baustelle an einem Dienstag, um sie zu schließen. Als er mich erreichte, saß ich gerade am Schreibtisch in Deutschland. Ich hatte für die weitere Bearbeitung meines Visums zurück nach Hamburg fliegen müssen und entschieden, auch die Weihnachtstage mit meinen Eltern zu verbringen. Beinahe versehentlich nahm ich den Anruf an, der als unbekannte Nummer auf meinem Display aufleuchtete. Sollten wir uns der Schließung widersetzen, würde der Mitarbeiter des Bauamtes den Abriss der nicht genehmigten Bauschritte anordnen. »Nicht genehmigt? Ich verstehe nicht ...« Der Inspektor, der sich Elis Khumalo nannte, erklärte mir geduldig, dass die Pläne der Cabin erst vor knapp sechs Wochen eingereicht worden seien. Dass er sie noch nicht final genehmigt hatte und ein Bau mit dem Fortschritt, den wir verzeichneten, unzulässig, streng genommen illegal sei. Etwas Graues, etwas Dumpfes nistete sich in meinem Innersten ein.

Jemma würde sich später erklären wollen, würde es auf Mr. Khumalo schieben. Und es würde nichts ändern. Auch dass Mr. Khumalo die Pläne in der darauffolgenden Woche in einem Eilverfahren genehmigte, änderte nichts. Denn das eigentliche Problem war nicht diese verordnete Zwangspause, sondern das, was unter ihr aufbrach. Themba war das Geld ausgegangen, obwohl es von meiner Seite aus stetig geflossen war. Er behauptete, von Jemma getäuscht worden zu sein. Immer neue Änderungen an den Plänen, immer neue Details, von denen er das Gefühl hatte, sie habe sie ihm untergeschoben, Baufehler, verschobene Deadlines, Benzinpreiserhöhungen, längeres Warten auf das Material, irgendwo hatte er sich verkalkuliert – und wollte jetzt nicht mehr weitermachen. Es sei denn, wir würden neu verhandeln, mehr zahlen. Jemma wies jede Schuld von sich, machte aus Themba einen Contractor, der offenbar von Anfang an geplant hatte, kurz vor der Fertigstellung noch einmal seinen Gewinn zu erhöhen.

»Er versucht gerade einfach, mehr Geld aus dir herauszupressen, und das ist eine ganz, ganz miese Nummer. Er nutzt diesen Baustopp als Verhandlungsbasis und als bezahlten Weihnachtsurlaub, darauf lassen wir uns nicht ein, das mache ich ihm klar, verlass dich darauf.« Was hatte ich auch sonst für eine Wahl?

Wir standen zwei oder drei Wochen Arbeitszeit vor der Fertigstellung, die Cabin stand, die Fenster waren eingesetzt, die Haustür auch – am Tag des Baustopps hatte Themba die Türen im Innenraum verbauen und die Küche fertigstellen wollen. Die Solaranlage funktionierte, die Elektrik war verlegt, musste nur noch finalisiert werden, genauso unsere Wasserläufe und die Versiegelung der Fußböden, die wir aus Beton gegossen hatten. Es gab laut Jemma nicht mehr viel zu tun – wenn es nur jemand tun würde. Statt gemeinsam nach einer Lösung zu suchen, eskalierten Jemma und Themba aneinander, verbissen sich in ihre Positionen. Ich begann, zwischen ihnen nach ein paar Erklärungen zu suchen, sprach zum ersten Mal persönlich mit Themba und fand fehlende Protokolle, verschleppte Inspektionen auf der Baustelle, falsch verbaute Materialien, vergessene Arbeitsschritte, die Jemma zu spät kontrolliert und Themba offenbar nie korrigiert hatte. Während meiner Abwesenheit hatte Jemma die Baustelle nicht ein einziges Mal besucht – und es mir verschwiegen. Hatte mir alte Bilder als Updates verkauft und mich mit Nachrichten über Fortschritte, die sie selbst nie gesehen hatte, in Sicherheit gewogen. Als ich sie damit konfrontierte, dass sie als Projektleiterin, als Managerin dieser Baustelle, schlicht ihren Job nicht erfüllt und mich zusätzlich belogen hatte, wiegelte sie ab. Die ständigen Fahrten auf die Baustelle seien zu kostenintensiv geworden, hätten sich für sie nicht mehr *gelohnt*.

Und gerade als ich sie für ihren *neglect*, für ihre Unprofessionalität zur Rechenschaft ziehen wollte, schlug sie einen weiteren Haken. Sie habe den Konflikt gelöst und außerdem alles unter Kontrolle, sie habe immerhin schon Großprojekte mit mehr als vierzig Wohnungen in einem Komplex begleitet, und da sei ja auch alles glattgegangen. Ich solle mich entspannen und mich von dem Lärm, den Themba machte, nicht negativ anstecken lassen. Am fünften Januar würde er die Arbeit an der Cabin wieder aufnehmen, zum vereinbarten Preis, mit einer Deadline für die Fertigstellung bis zum Ende des Monats. Für alle Mehrkosten würde er selbst aufkommen. Sie hängte mir einen Screenshot des Gesprächs, das sie per Textnachrichten geführt hatten, an.

»Und was, wenn etwas schiefgeht? Auf den letzten Metern? Und er sich dann doch nicht an diese getippten Versprechen hält?«, fragte ich.

»Wie viel soll bei den letzten Handgriffen im Innenausbau schon schiefgehen? Das sind nur noch kleinste Details, der Job ist für mich sozusagen längst durch, in 14 Tagen hast du die Schlüssel. Ich hab dir gesagt – ich habe alles unter Kontrolle.«

***

Wie viel schiefgehen kann, lerne ich am zweiten Januar. Es ist der erste Montag des neuen Jahres. Während der Rest des Western

Capes noch immer seinen Neujahrskater ausschläft, sitze ich im Auto und nutze die erste Möglichkeit, die sich mir bietet, um die Baustelle zu besichtigen. Chris fährt, ich vibriere auf dem Sitz neben ihm, scrolle immer wieder durch die E-Mails von Themba, zoome in das verpixelte Bildmaterial hinein, das er mir widerwillig geschickt hat, versuche, mich zu beruhigen, zu strukturieren – oder auch einfach nur vorzubereiten. Morgen will sich Jemma ebenfalls mit mir auf der Baustelle treffen, hat in einer E-Mail großzügig verkündet, dass sie, um mir die zusätzliche Nervosität zu nehmen, ihren Jahresurlaub abkürzen und direkt nach Kapstadt fliegen wird. Aber ich kann keine 24 Stunden warten, ich kann nicht irgendwo zu einem Brunch gehen, ein paar Gläser Champagner auf das Jahr 2022 und seine Anfänge kippen, mich *entspannen* und dabei vergessen, dass all meine Ersparnisse, der gesamte Vorschuss für mein neues Buch, meine Gehälter der letzten neun Monate, mit denen ich normalerweise mein Frühstück bezahle – dass all dieses Geld in einer Baustelle steckt, die ich seit einem Monat nicht gesehen habe, die meine Projektleiterin seit einem Monat nicht gesehen und die der Contractor verlassen hat.

Je näher wir Bain's Kloof kommen, desto schneller will ich ankommen und desto weniger will ich wirklich da sein. Ich will nicht mehr auf die Cabin warten müssen, sie aber auch nicht sehen wollen. Ich brauche Klarheit, aber ich fürchte mich seit Tagen vor ihr. Und dann erst recht, als wir in das Reservat einbiegen, die Teerstraße hinter uns lassen und ich die Spitze des Daches hinter dem Felsvorsprung hervorlugen sehe.

Auf den ersten Blick wirkt die Cabin vertraut, thront noch immer wie ein ruhiger, beiger Canvas auf dem Fynbos, als wir um die Kurve biegen und das Auto abstellen. Die Luft ist warm, kurz davor, vor Hitze zu schwirren, wird aber von einer leichten Brise, die über unseren Köpfen weht, unterbrochen. Eine Gruppe Affen döst auf den Nachbarfelsen. Es riecht nach wildem Thymian, nach Salbei und Erika. Ich werfe die Autotür hinter mir ins Schloss und lasse die Fassade Oombliks, meines Moments, auf mich wirken. Die Fensterfronten spiegeln die Berge hinter uns, wirken wie eine einladende Postkarte, wie ein geschönter Gruß, der dir den Ausschnitt zeigt, nach dem du dich sehnen sollst. Ich stecke den Schlüssel ins Schloss und öffne die Tür der Cabin. Schiebe die Reflexion des Panoramas zusammen und stelle mich der Realität.

***

Am nächsten Tag sind wir zu viert, sitzen mit Kaffeebechern auf dem Eintrittssockel der Cabin und warten. Maggs hat darauf bestanden, mich zu begleiten, Jorge hat darauf bestanden, sich die Baustelle selbst anzusehen, Chris hat uns gefahren, ich habe nicht viel gesprochen. Es ist 11.43 Uhr. Keine Nachricht, kein Anruf von Jemma. Sie ist fast eine Stunde zu spät, falls sie überhaupt kommen wird.

»Wir besprechen alles morgen«, hat sie geantwortet, als ich ihr gestern die Bilder, die Details, die gesamte Liste der Baumängel in eine E-Mail geworfen habe, hat unseren Termin sogar extra noch einmal in ihrem Google Calendar bestätigen lassen, als müsste sie sich um meine Anwesenheit sorgen.

»Lass uns noch einmal alles durchgehen«, sagt Maggs jetzt, steht auf und wirft ihren leeren Becher in eine der provisorischen Mülltüten, die Chris gestern zu füllen begonnen hat. Während ich stumm auf dem Fußboden sitze, fängt er an, Müll vom Boden aufzusammeln. Maggs trägt ein Klemmbrett vor sich, hält den Stift mit der rechten Hand fest und schreibt »main bedroom« auf den oberen Rand des Papiers. Von hier aus werden wir als Nächstes den Flur inspizieren, das große Badezimmer, die offene Küche, den Wohnbereich, das zweite Schlafzimmer, das zweite Badezimmer, die Terrasse, den Pool, dann die Fassade, den Rest des Außenbereichs.

In der ersten Runde konzentrieren wir uns auf die groben Baufehler, in der zweiten auf alle unvollendeten oder gar nicht erst begonnenen Details oder sogar Notwendigkeiten. Die nicht verknüpften Lichtschalter, die fehlenden Gaszuläufe, der Kamin auf dem Deck, der keinen Schornstein hat, der Pool, der kein Wasser hält, die Risse im Fußboden, der *fehlende* Fußboden in vielen Teilen der Cabin, die falsch gesetzte Wand, die Badewanne, die schief im Raum hängt und ebenfalls leckt, der Außenbereich hinter der Cabin, der tiefste Punkt des Grundstücks, der fälschlicherweise betoniert worden ist, aber keinen Abfluss für das Regenwasser führt. In der dritten Runde zähle ich die ästhetischen Fehler auf, die Spezifikationen, die nicht den Plänen entsprechen, die falschen Türen, unvorsichtig mit viel zu viel Farbe überstrichen, die sie jetzt in den Rahmen aufquellen lässt, die falsche Wandfarbe, der Putz, der in jedem Raum eine andere Struktur hat und bröckelt, die unfertige Küche. Das alles sind Fehler, die so vermeidbar gewesen wären, die niemals hätten passieren müssen. Mehr als sechzig Punkte notiert Maggs – ein*e Maurer*in, ein*e Statiker*in, ein*e Glaser*in, ein*e Klempner*in, ein*e Elektriker*in, ein*e andere*r Architekt*in hätte sie vermutlich verdoppelt.

Als Jemma um halb eins auf unsere provisorische Auffahrt rollt, bin ich bereit, mit ihr in den Konflikt zu gehen, bin bereit, sie dazu zu zwingen, endlich meine Interessen zu vertreten, bin endlich bereit, sie keinen einzigen weiteren Zentimeter ihrer vermeintlichen Erfahrung gegen mich ausspielen zu lassen, keine weiteren Erklärungen, keine weiteren Versprechen, keine weiteren Pläne, keine einzige Änderung mehr. Jorge ist der Erste, der sie begrüßt, mit fester Miene, wenigen Worten. Maggs nickt ihr zu, Chris geht ihr aus dem Weg, mich kann sie nicht einmal ansehen. Keine Entschuldigung für die Verspätung, keine Begrüßung.

»Ich muss dir leider mitteilen, dass Themba nicht auf die Baustelle zurückkehren wird.«

Schmerz

Being raw is fucking worth it.

Sechzehn Beine, zwei Skelette, Platten, Böden, Flächen, Türen.

Meine Handgelenke schmerzen, ich umfasse sie mit den Fingern und massiere mit dem Daumen meine Handballen. Zwanzig Liter Lasur haben wir heute verstrichen, gut zwölf Stunden lang nichts anderes gemacht, als den Pinsel auf und ab zu bewegen, Rillen färben, abwischen, Oberflächen versiegeln, trocknen lassen, von vorn anfangen.

Morgen früh können wir die Stühle und Schränke aufbauen und verschrauben, die Küchenfronten fertigstellen, die neuen Türen einhängen. Danach müssen wir die Fußleisten abschleifen, die Badewanne muss neu montiert und wieder versiegelt werden, genau wie alle Badezimmer, die Dusche, die Küchenzeile. Der Terrasse fehlt noch der Fußboden, der Pool hält kein Wasser, noch immer nicht. Die große Fensterfront im Wohnzimmer können zwei Menschen gemeinsam mit ein bisschen Mühe aufschieben. Wir tun es trotzdem nicht, zu groß ist die Gefahr, dass der Rahmen sich verzieht. Unter den Fenstern bröckelt das poröse Material. Und jedes Mal, wenn ich nur hinsehe oder an all die Fehler denke, die wir noch längst nicht behoben haben, bröckle ich mit.

Es ist das fünfte Wochenende in Folge, das wir hier oben verbringen. In einer Cabin, die sich noch immer wie eine Baustelle anfühlt, grau und müde. Die Tage hier fühlen sich an, als würden wir gemeinsam versuchen, einem alten, vergessenen Haus wieder auf die Beine zu helfen. Als müssten wir es nur an manchen Stellen sanieren, ein bisschen renovieren, ein bisschen lieben, mit seinen

Rissen und Narben, die doch nur seinen Charme unterstreichen. Es hätte mir Spaß gemacht. Etwas wiederentdecken, was andere aufgegeben haben. Aber das hier ist keine alte Cabin, kein Ort, dem nur das schlagende Herz fehlt. Meines steckt drin. Und es pocht, es klopft, es hängt fest.

Heute hatten wir eröffnen wollen. Ich hatte mir einen gemeinsamen *Braai* mit Freund*innen ausgemalt. Mit dem Champagner, der eigentlich in unsere versteckte Bar gehört, anstoßen, einen Toast aussprechen, die Cabin taufen, einander im Sonnenuntergang umarmen, später in den Pool steigen, bis die Sterne aufgegangen wären. Sie von der Hängematte aus beobachten, noch mehr und noch öfter anstoßen, *Braaibroodjies* nach Mitternacht – und dann, wenn längst alle anderen irgendwo eingeschlafen wären, die Teller abräumen, die Gläser einsammeln, kurz noch einmal draußen stehen bleiben, es alles aufsaugen – endlich stolz sein.

Stattdessen sitze ich auf einem Stück Pappe, lasse den Kopf hängen und starre auf den fleckigen Beton unter mir, ihm fehlt es an zusätzlicher Stärke, außerdem an einer Versiegelung, um Wasser, Wetter und Schmutz besser auszuhalten. *Uns beiden,* denke ich und lege mir eine Hand in den Nacken. Als es auf dem Dach poltert, sehe ich auf. Zwei Arbeiter, Pieter und Zubair, versiegeln es gerade neu. Vor ein paar Tagen hat es geregnet – ein paar weitere Schwachstellen haben sich offenbart. »Fast fertig!«, ruft Pieter. Sie winken mir zu, ich lächle müde zurück. *Fast fertig. Noch immer nicht fertig.*

Drei Monate Bauzeit hatte Jemma eingeplant. Maximal. Sechs Monate Bauzeit habe ich darum berechnet. Nur um ganz sicherzugehen. Weil sich Pläne ja immer verschieben können, weil beim Bauen ja nie alles glattgeht. Weil ja immer mal Material fehlen kann, weil Fehler passieren, weil vielleicht irgendeine Wand neu gestützt werden muss, das Wetter nicht mitspielt, weil jemand krank wird – oder abhaut.

Jemma ist weg. Hat Kapstadt hinter sich gelassen, ist zurück nach Johannesburg geflogen und dortgeblieben. Seit Wochen antwortet sie nicht auf meine Mails, ignoriert die Protokolle, die ich ihr schicke, die Baumängel, die Fotos, die Videos. Ihr letztes Lebenszeichen war eine Einladung zum *close out,* bequem als Google Hangout. Sie wollte das Projekt abschließen – während uns der Putz entgegenfiel. Ich lehnte ab, konfrontierte sie abermals mit all den Fehlern, die ich erst Stück für Stück entdeckte und zu verstehen begann. Sie bliebt stumm. »Alles nur Lärm«, sagte sie immer, wenn Themba sich aufregte, nach mehr Geld fragte, ihre Pläne nicht umsetzen wollte. »Legt sich. Einfach abwarten. Das ist normal in der Branche, das passiert ständig«, hat sie immer wieder zu mir gesagt. Jetzt passiert es mir.

»Jetzt nicht aufgeben!«, höre ich eine Stimme hinter mir sagen.

»Hm?«, mache ich und fasse nach dem kühlen Glas, das Maggs mir reicht. Unter meinen fleckigen Fingern sprudelt Champagner.

»Mit den Stühlen! Du hast nur noch einen vor dir, dann haben wir es für heute geschafft!« Sie setzt sich zu mir, überkreuzt ihre Beine und stellt ihr Glas neben sich.

»Den schaffen wir jetzt, bevor es dunkel wird, auch noch!« Wir stoßen kurz an, nehmen beide einen großen Schluck, dann noch einen.

»Genau richtig«, sage ich. »Wie geht's drinnen voran?«

»Alexia ist fast fertig mit den Türen, der Kleber in den Rahmen muss noch trocknen, damit wir sie dann noch einmal schleifen und neu streichen können, die Schlösser müssen noch festgezogen und die Haken montiert werden. Aber das Gröbste ist getan. Chris ist fast fertig mit den Regalen und Schienen, die Badewanne hat er vorhin schon mit Pieter und Zubair neu gesetzt und versiegelt. Sie ist gleich getrocknet und fertig für einen Testlauf.«

Maggs Energie ist ansteckend – und das ist Absicht. Die Hälfte davon ist für mich. So wie immer. Die eine springt für die andere ein.

Wenn die eine keine Lösungen mehr parat hat, wird die andere sie finden. Wenn ich mich verlaufen habe, wird Maggs uns nach Hause bringen. Wenn ihr der Mut fehlt, werde ich ihn auftreiben. Niemand wird zurückgelassen – und weil das so ist, darf auch niemand jemals aufgeben.

Wie könnte ich auch. Ich bin umringt von Freund*innen, die entschieden haben, dass ich nicht scheitern werde. Alexia, Chris' Schwester, hatte sich zum wiederholten Mal freigenommen, um mir hier oben zu helfen, seine Mutter war schon vor Tagen aus Johannesburg hergeflogen, um uns mit Besorgungen unter die Arme zu greifen, Chris nutzte seine Überstunden, um sein Fehlen auszugleichen, beinahe täglich packte er seinen Bakkie bis unter das Dach mit Arbeitsmaterialien voll. Manchmal stritten wir bis spät in den Abend, über all die Dinge, an denen wir beide nicht Schuld hatten, waren zu erschöpft, um uns zu vertragen, manchmal verbrachte ich die ganze Nacht auf der Couch, nur weil ich nicht schlafen konnte, weil ich Ruhe brauchte, aber sie nicht einmal in der Einsamkeit finden konnte. Am nächsten Morgen fanden wir uns wieder und beluden den Ford neu. Maggs hielt mich zusammen, seit Wochen schon. Ich bin es ihnen schuldig durchzuhalten – und fühle mich auch so. Schuldig. Schuldig, dass sie alle hier sein müssen, ich schäme mich, dass sie seit Wochen ihre Sommertage für Arbeit zwischen Staub und Stress eintauschen, dass sie Fehler ausgleichen, die sie selbst nicht gemacht haben.

»Es kommt in Wellen«, sage ich zu Maggs und nehme den letzten Schluck aus meinem Glas. »Manchmal geht es. Wenn wir einen neuen Schrank aufrichten, wenn wir die Fronten in der Küche einhängen, wenn Zubair die Lichtschalter endlich verbunden hat, dann bin ich kurz stolz. Dann glaube ich, dass wir das hier alles schaffen können, sehe den Fortschritt, sehe ein paar abgestrichene Punkte und auf einmal Luft auf der Liste. Dann leckt das Dach. Oder mir fällt ein neuer Riss im Beton auf, eine neue Stelle, an der es bröckelt. Dann scheitere ich daran, diese beschissenen Stühle abzuschleifen und sauber umzustreichen. Diese Scheißstühle, die nur eine schnelle Notlösung sind. Wie so vieles hier. Und dann ist es wieder da, das Gefühl, versagt zu haben. Euch alle enttäuscht zu haben.«

Maggs schenkt mir nach. »Wir sind doch noch gar nicht fertig«, antwortet sie.

»Das ist es ja. Wir sind nicht fertig. Wir sind immer nur fast fertig, immer nur *fast,* bis zum nächsten Fehler.«

»Dann trinken wir jetzt auf genau das noch ein Glas. Auf die Zeit zwischen den Fehlern, die wir gerade nicht in der Hand haben, aber die wir zelebrieren können, wenn sie da ist.«

Ich zögere einen Augenblick, dann muss ich grinsen und stoße mit ihr an. Wir sitzen beide mit verschränkten Beinen, voller Farbe und blauer Flecken, auf dem unfertigen Boden meines Sonnendecks. Das Tageslicht am Himmel kippt ins Warme, kündigt das Ende des Tages an. Vor uns trocknet ein halb gestrichener Stuhl auf einem Stück Plane, zwischen uns liegen Pinsel, Lappen, meine Handschuhe, daneben steht die Flasche Champagner, die wir so schnell leeren, als hätten wir wirklich etwas zu feiern.

***

Während Maggs und ich das Geschirr abräumen, zündet Alexia ein paar der Öllampen an, die ich bereits gefüllt habe, und stellt sie auf den Tisch. Wir spülen die leeren Weingläser ab, ich mache uns einen Rooibostee und wir setzen uns zurück auf die Terrasse. Ich ziehe mir einen Cardigan über, nicht weil es wirklich kalt wäre, sondern einfach weil es gemütlicher ist.

»Ich liebe das an den Sommernächten hier oben«, sage ich, schlinge meine Arme um mich selbst, streiche mir mit den Handflächen über die Schultern. »Das Geräusch von Grillen, die nach Liebe suchen, die leichte Brise, die Sterne und die Temperatur, die gerade so weit heruntergeht, dass du eine Jacke brauchst, dass sich das dünne Duvet im Bett nicht zu schwer und zu warm, sondern einfach wie eine Umarmung anfühlt.«

Alexia nickt. »Ich liebe es. Nach einem langen Abend und ein paar Gläsern Wein noch mit nackten Füßen draußen auf dem warmen Boden herumlaufen, sie in das dunkle Wasser unseres Pools halten, eine Tasse Tee in der Hand, um runterzukommen, und den Kopf im Nacken, bis man den Großen Wagen sieht.«

»Ich hab den hier noch nie entdeckt«, gibt Maggs zu und gähnt.

»Den Großen Wagen?«

»Ja. Der steht doch hier unten auf dem Kopf, oder? Also auf der Südhalbkugel. Und ich habe noch nie verstanden, wie und wo ich ihn hier finden kann.«

Alexia steht auf und lehnt sich über die Brüstung nach hinten. »Warte, ich glaube, man sieht ihn, wenn man …« Sie stellt sich auf die Zehenspitzen, um über die Kante der Cabin zu schauen. »Von dort drüben aus sollten wir ihn sehen.« Wir folgen ihr zur rechten Ecke des Decks, die frei und unbedacht mit dem Nachthimmel verschmilzt. Alexia zeichnet mit den Fingern die Umrisse des Großen Wagens nach. »Genau da steht er, oder besser gesagt: liegt auf dem Kopf, *the big dipper*.«

Maggs folgt ihrem Finger, zieht die Augenbrauen zusammen, dann zuckt sie mit den Schultern. »Für mich sind das immer einfach Sterne. Also – ich sehe, was du siehst. Aber in ein paar Momenten sehe ich es schon nicht mehr.« Wir müssen lachen. »Das ist wie mit Sternschnuppen. Ständig erzählen dir Menschen, dass irgendein Meteoritenschauer über das Western Cape regnet und du nur in den Himmel schauen musst, um unzählige von ihnen zu sehen. Aber wisst ihr was? Ich habe eigentlich noch nie so richtig eine echte Sternschnuppe gesehen.«

»Nicht?«

»Nein! Ich halte Sternschnuppen für einen urbanen Mythos«, sagt sie lachend und lässt sich neben Alexia in den Schneidersitz fallen.

»In Kapstadt vielleicht wirklich«, antwortet die. »In der Stadt ist es viel zu hell, selbst am Strand oder oben auf dem Lion's Head kann man einfach keine Sterne sehen. Aber – auf der Farm, oben in Mpumalanga, gerade im Winter, ist es so klar und so dunkel in der Nacht, da musst du eigentlich nur eine Weile still auf dem Rücken liegen, dann ist es wirklich fast, als würde die Milchstraße dich verschlucken und die Sternschnuppen auf dich herunterfallen.«

»Mein Opa hat immer zu mir gesagt, wo auch immer ich auf der Erde bin, wenn ich Heimweh habe oder nicht weiterweiß, soll ich in den Himmel schauen. Soll den Großen Wagen suchen und ihn so umdrehen, dass er genauso aussieht wie vor unserer Haustür. Und mich daran erinnern, dass auch mein Opa jeden Abend vorn in unserer Einfahrt steht und auf genau die gleichen Sterne schaut, die ich gerade sehe«, sage ich leise. »Und ich mache das noch immer. Nicht nur wenn ich Heimweh habe, manchmal auch einfach, wenn ich ihn vermisse.«

»Das ist schön«, sagt Alexia leise. Ich nicke, spüre diesen Kloß in meinem Hals, der sich seit Wochen ankündigt, dann aber doch jedes Mal wieder verschwindet. Meistens ist es nur ein kurzes Ziehen in meiner Brust, dann ebbt es wieder ab, wird zu einem dumpfen Pochen, das zurück in das bleischwere Grau sinkt, das sich in mir eingenistet hat. Ich will einatmen, mir Luft verschaffen, aber schaffe es nicht, diesen einen tiefen Zug in meine Lungen zu lassen. Ich mache nur ein kehliges Geräusch, als hätte ich Schluckauf, klopfe mir mit der flachen Hand auf das Schlüsselbein, um den Druck zu lösen, der immer intensiver wird, sich wie ein Brennen anfühlt.

»Alles in Ordnung?«, fragt Maggs und rückt dichter an mich heran. Ich kann ihr nicht antworten, kann keinen Laut machen, versuche nur, diese Enge loszuwerden. Dann endlich bricht sie, ich sinke in mich zusammen, reflexartig wische ich mir vorsichtig über die Wangen. Ich weine. Endlich, endlich weine ich. Spüre mich, spüre irgendetwas, wenn auch Schmerz, irgendetwas, was sich lebendig anfühlt, feucht und warm und echt, nicht mehr stumpf, nicht mehr dumpf und erdrückend, nicht mehr schwer, nicht nach noch mehr – sondern endlich ein bisschen weniger.

Für einen Moment sitzen wir einfach still da, ich schniefe, halte mir die Handfläche unter meine Nase. Dann muss ich lachen. Und noch viel mehr weinen.

»Bist du okay, Lina?«, fragen Alexia und Maggs noch einmal, ich nicke, schaue in ihre Gesichter. »Ihr habt keine Ahnung, wie gut es tut, überhaupt wieder irgendetwas zu fühlen«, bringe ich heraus, bevor noch mehr Tränen über mein Gesicht laufen. »Ich hab mich so – so taub gefühlt. So vollkommen abgeschnitten von mir selbst. Alles, was ich empfinden konnte, war entweder Druck oder Leere. Immer im Wechsel, nichts dazwischen«, versuche ich zu erklären. »Nichts zu fühlen, mich nicht selbst zu fühlen, das war das Schlimmste in den letzten Wochen. Das war wie ersticken, an diesem Vakuum aus Schock und Frust und Erschöpfung.«

Sie nicken beide. Alexia stützt ihre Unterarme auf die Knie. »Ich bewundere das an dir. Seit ich dich kenne. Dass du so fühlen willst, dass du überhaupt immer fühlen willst, auch das Schmerzhafte.«

»Ich kann gar nicht anders«, antworte ich leise und muss lächeln.

»Ich hab manchmal nicht den Mut dazu. Oder nur kurz. Dann lege ich das Gefühl wieder weg.«

»Das ist ja auch das, was wir beigebracht bekommen«, sagt Maggs. Sie legt sich ihre Jacke unter den Kopf und schaut wieder in den Himmel. »Konzentrier dich auf das Positive, sag dir jeden Abend drei Dinge auf, für die du dankbar bist, die dir quasi gar nicht erlauben können, unglücklich zu sein.«

»Zähl dir laut auf, was du schon geschafft hast, und sei dann stolz auf dich!«

»Zeig den anderen nicht so offen deine Schwächen!«

»Nimm die Dinge immer mit Humor, nimm sie nie zu schwer oder zu persönlich. Halte dein Gesicht in die Sonne.«

»Meine Mutter hat zu mir als Kind so oft gesagt: Wenn du lachst, lacht die Welt mit dir, wenn du weinst, weinst du allein.«

»Was für ein Scheiß«, platzt es aus mir heraus, und wir drei müssen lachen. »Ich kann mich an einen Moment erinnern, an dem ich bitterlich geweint habe, ich war vielleicht sieben oder acht Jahre alt. Meine Mutter wollte mich beruhigen, machte beschwichtigende Schhht-Laute und sagte immer wieder: *Nicht weinen, hör auf zu weinen, du bist doch schon groß.* Ich weiß noch, wie ich mich von ihr losgemacht und geschrien habe, dass ich aber gerade weinen will. Und dass sie aufhören soll, es mir zu verbieten. Ich kann mich nicht erinnern, was sie geantwortet hat, aber ich weiß noch genau, wie befreit ich mich gefühlt habe. Wie wichtig es mir war, dass ich weinen darf, wenn ich wirklich traurig bin.« Ich setze mich auf und ziehe meine Füße in den Schneidersitz. »Manchmal habe ich das Gefühl, je erwachsener wir werden, desto verbotener ist es zu weinen. Desto schwächer wirken generell Emotionen, und dann noch einmal doppelt, wenn du eine Frau bist. Dieses ›Wenn du deshalb schon weinen musst, dann weiß ich ja nicht, wie du den Rest schaffen willst‹, diese Bewertung deiner Stärke oder deiner Skills anhand dessen, wie gut du Emotionen unterdrücken kannst, schwingt irgendwie immer mit.«

Alexia nickt. »Ich weine so selten, ohne dass ich mich danach irgendwie dafür schäme oder mich wieder beschützen und zuschließen will, weil ich mich auf einmal dumm oder aber viel zu verletzlich vor anderen fühle.«

»Vor Lina kann ich das«, sagte Maggs. »Einfach weinen, einfach alles zulassen. Aber vor anderen auch nicht. Ich schiebe meine Gefühle dann so lang zusammen, bis sie zu schwer werden und ich sie irgendwo ohne Vorwarnung und gesammelt loslassen oder abwerfen muss. Und ich fühle mich dann genauso wie du, als müsste ich diese Gefühle still aufräumen und wieder zusammenfalten, weil sie allen anderen zu viel werden.«

Der Tee in unseren Tassen ist kalt geworden, trotzdem tut er gut. Ich nehme noch einen Schluck, als müsste ich für meine nächsten Worte Anlauf nehmen.

»So viele Leute fragen mich: *Wie geht es denn mit dem Bau voran? Wie läuft es? Wie wird alles?* Und anfangs habe ich ehrlich antworten wollen. Und mich dann doch selbst zurückgehalten, weil ich dachte: Damit schade ich mir ja nur selbst. Offen zu erzählen, wie viele Fehler hier passiert sind, was für ein Chaos diese ganze Baustelle ist, wie enttäuscht ich bin, was für ein riesiger Fehler es war, mit Jemma zusammenzuarbeiten, die ich ja noch vor ein paar Monaten so öffentlich gelobt habe, wie dumm es war, all die *red flags* nicht zu sehen, die für vermutlich jeden anderen so klar zu erkennen waren. Ich kam mir dabei selbst wie ein einziger Fehler vor. Ich komme mir eigentlich die ganze Zeit wie eine riesige Enttäuschung vor.«

»Du weißt aber, dass du das nicht bist, oder?«, fragt Maggs, als wäre sie bereit, es mir jederzeit noch einmal zu versichern.

»Das ändert im Moment trotzdem nichts daran, dass ich mich so fühle. Dass ich traurig bin, dass es mich schmerzt, wie wenig sich das alles hier gerade nach dem Traum anfühlt, für den ich hergekommen bin, mit dem es angefangen hat.« Ich zucke mit den Schultern. Die beiden bleiben stumm. »Und kaum habe ich es gesagt, fühle ich mich so undankbar. Denn hier sitzt ihr, habt heute den ganzen Tag mit mir gearbeitet, um diesen Traum doch noch wahr zu machen.«

»Ich verstehe dich«, sagt Alexia leise. Und nur das.

Ich sehe sie an. »Danke.«

***

»Zähl dir laut auf, was du schon geschafft hast, und sei dann stolz auf dich!«

»Zeig den anderen nicht so offen deine Schwächen!«

Was, wenn ich jetzt genau das mache? Hier, in diesem Buch, an genau dieser Stelle der Geschichte.

Hi, ich bin Lina.
Ich bin Autorin, Fotografin und Podcasterin, ich bin dabei, nach Südafrika auszuwandern, und habe mich dort selbstständig gemacht. Ich bin gerade dabei, eine Cabin zu bauen …

Das klingt erst mal gut, das klingt nach Plänen und Meilensteinen. Das klingt, als hätte ich Mut, und um mutige Menschen muss man sich ja selten Sorgen machen. Denen klopft man kurz auf den Rücken und sagt, dass sie es schon schaffen werden, so wie immer. Aber ich glaube, manchmal vergessen wir dabei, wie viel Kraft und Energie und Opfer diese mutige Person dennoch aufbringen muss, um das zu tun, was so selbstverständlich scheint: wieder aufstehen, nicht aufgeben, maximal einen Abend lang weinen, wenn, dann auch am besten allein, dann weitermachen.

Dass ich mutig bin, dass ich nicht aufgebe, heißt nicht, dass ich nicht manchmal scheitere, dass ich nicht trotzdem Angst habe, dass ich nicht trotzdem in Engpässe gerate oder sogar in Sackgassen.

Ich glaube daran, dass uns Ehrlichkeit befreit – *to let go, you have to go through*. Nicht drum herum, nicht kurz dran vorbei, sondern mittendurch. Und darum teile ich dieses Mal den Tiefpunkt nicht erst mit euch, wenn er längst vorbei ist und ich ein bisschen romantisiert auf den Schmerz gucken kann, sondern genau jetzt, mittendrin.

Ich weiß nicht, wer das heute lesen muss oder vielleicht unbedingt hören sollte, aber: Du bist nicht allein, wenn du weinst. Du bist nicht weniger wert, wenn du versagst, du musst nicht schon die Lösung kennen, um dich zu trauen, einen Fehler offen zuzugeben. Ein paar Menschen werden dir vielleicht lediglich auf den Rücken klopfen und sagen: wird schon. Sie werden dir ein paar distanzierte Ratschläge geben, die vielleicht dafür sorgen, dass du dich noch einsamer fühlst. Aber andere werden zuhören, werden da sein, werden dich festhalten. So wie diese zwei Frauen mich, in diesem Kapitel und dann immer wieder. *Don't miss out on that. Being raw is fucking worth it.*

Zurück zum Moment

Die Sonne macht ihren ersten, vorsichtigen Schritt heraus aus den Wolken, als ich die Haustür hinter mir zuziehe. Die anderen schlafen noch, ich lag die ganze Nacht wach. Konnte meine letzten Worte nicht abschütteln, spulte sie immer wieder in meinem Kopf ab, versuchte sie in der Dunkelheit zu verlieren, sie in der Stille untergehen zu lassen. Aber sie hatten sich klamm um mich gewickelt, jetzt, wo ich sie endlich ausgesprochen und ihnen damit einen Körper gegeben hatte. »Ich weiß nicht, ob das hier wirklich noch das ist, wofür ich angefangen habe.«

Irgendwann war das Ticken in meinem Ohr so laut geworden, so überwältigend, so beengend, dass ich es nicht mehr aushielt. Ich musste raus aus diesen Wänden, aus diesem Fehler, aus diesem Gefühl, gescheitert zu sein, auch wenn ich es noch nicht war, auch wenn ich nicht allein war, obwohl wir gerade kämpften. Mein Brustkorb schnürte sich in dem Korsett aus dumpfem Schmerz und Enttäuschung zusammen, immer enger, immer fester, machte mir das Atmen schwer. Meine Lunge brannte, die Luft schien zu krampfen.

Ich bahne mir meinen Weg tiefer ins Reservat, lasse die Cabin hinter mir, ihre Fehler, ihre Risse, ihre unfertige, nervöse Präsenz. Bemerke, wie meine Füße sich immer schneller bewegen, Distanz schaffen wollen, ihr Tempo und meinen Herzschlag erhöhen. Nichts täte ich gerade lieber, als ein Streichholz hinter mich zu werfen und all das in Flammen aufgehen zu sehen, was ich nicht mehr greifen, halten oder kontrollieren kann – was mich packen, einsperren und lähmen will. Abbrechen, ausbrennen, was wehtut, so lang, bis nicht mal mehr eine Erinnerung bleibt, die mich einholen könnte. Kaputt machen, statt hilflos daran festzuhalten.

Ich spüre diesen Drang in mir nicht zum ersten Mal in meinem Leben. Das Kribbeln in meinem Blut, das Kicken in meinem Innersten, das nur noch werfen, treten und schreien will. Das so dringend ein Ventil braucht, um nicht zu zerbersten, und sich dennoch nichts Schöneres vorstellen kann. Lieber brennen, als an mir selbst zu ersticken, lieber in tausend Teile zerspringen, flimmernd zu Boden sinken, als einfach nur stumm unterzugehen. Es klingt zuerst wie eine Versuchung. Alles aufgeben, nicht nur einfach umblättern, sondern die Seite herausreißen, sie zerknüllen, anzünden, den kurzen Ascheregen von mir pusten, das alles niemals wiedersehen. Es wäre so leicht. Es wäre für einen Moment die ultimative Befreiung. Dann täte es weh.

Ich habe ihn oft genug gewählt, den Weg der Destruktion, das Abbrennen aller Brücken, um bloß nie wiederkommen zu können. Ich bin nicht einfach gerannt, sondern wild durch die Gänge gefegt, wollte nichts mitnehmen, meinen Schmerz, meine Wut zurücklassen, habe dabei Menschen hinter mir gelassen, Schmerz mit Schmerz bekämpft, Momente so fest radiert, dass ich sie dabei in Brand gesetzt habe. Ich hatte es lange für eine unbändige Kraft, für eine Stärke in mir gehalten, einen Motor, den nichts zerstören konnte – und erst viel zu spät verstanden, dass ich nicht um mich selbst kämpfte, sondern feige auf der Flucht war. Die Angst vor meinen eigenen vermeintlichen Fehlern, davor, dass sie mich irgendwann einholen würde, dass ich ihr irgendwann noch einmal gegenübertreten müsste, war zu groß, schien meine Knie zu lähmen und in mein Blut zu kriechen – ich konnte sie nicht einfach nur hinter mir lassen, dabei zusehen, wie ich mich von ihr mit schleppenden Schritten entfernte, ich musste mich ein letztes Mal aufbäumen, auf sie zurennen, sie loswerden, es musste endgültig sein. Ich hielt das für meine einzige Chance.

It takes a year to learn how to walk –
it takes a lifetime to learn not to run.

Ich wusste, wie schnell der Rausch vorbei war, wie sehr ich ihn bereuen würde. Ich hatte gelernt, ihn zu stoppen, mich zu stoppen, wenn ich nur noch gegen mich selbst kämpfte.

Im Hier und Jetzt zwinge ich mich, stehen zu bleiben, erzwinge die Stopptaste, ich balle meine Fäuste, spüre meine klammen Handflächen, das Rasen meines Pulses. Ich lehne mich gegen mich selbst auf, brauche so viel Kraft, noch mehr Mut – für den Stillstand. Für einen Moment glaube ich, dass ich schreien will. Aber ich bringe keinen Ton heraus. Lasse mich stattdessen zu Boden sinken und beginne mich an all die anderen Muskeln in meinem Körper zu erinnern, die nicht schreien oder kämpfen, sondern leise darauf warten, von mir gehört zu werden.

Schließe deine Augen. Nimm ein paar tiefe, lange Atemzüge.

Atme ein, seufze aus.

Die ersten zehn Sekunden, die ersten drei Atemzüge, danach wird es leichter. Danach spürst du wieder, kickst nicht nur, reagierst nicht nur, das Ticken wird leiser, auch wenn du dich daran noch festhältst.

Atme ein, seufze aus.

Die stille Kraft der Meditation. Ich habe sie schon vor ein paar Jahren entdeckt, aber nur manchmal zulassen können. Zu oft habe ich mich gegen ihre Regeln, gegen ihr Bremsen aufgelehnt, wie ein wütendes Kind, das nicht umarmt, nicht festgehalten werden wollte, das sich müde laufen wollte, das all den Platz brauchte und sich darin doch so verloren fühlte. Aber wann immer ich den Mut aufbrachte, sie zuzulassen, hatte die Meditation es geschafft, mir meine einzige Chance zu nehmen – und mir all die anderen zu zeigen, für die ich im Schmerz erblindet war.

Entspanne die Lider, den Nacken, deine Schultern.

Atme ein, seufze aus. Noch einmal.

Heute würde ich nicht einfach rennen, dann mit geschlossenen Augen springen – heute würde ich mutig sein, genau hier sitzen bleiben, die ersten zehn Sekunden. Und dann noch länger.

Entspanne deine Arme, deine Hände, deine Finger. Öffne sie, lass sie neben dich auf den Boden sinken. Atme ein, seufze aus. Öffne dich.

Gib dich hin, lehne dich in die Regelmäßigkeit deiner Atmung, in ihren Fluss. Beginne damit, deine Sinne vorsichtig für die Natur um dich zu öffnen. Fühle den leichten Wind auf deiner Haut. Spüre seine Temperatur.

Der Wind kommt, er geht, er ist in Bewegung.

Bemerke das Licht auf deinen geschlossenen Lidern, spüre die Sonne.

Heiße die Gerüche um dich herum willkommen, das frische Gras, den mineralischen Sand, die Kräuter, die du mit deinen Sohlen berührt oder sogar zerstoßen hast.

Nimm sie wahr, nimm deine Sinne wahr – ihre Präsenz.

Wärme, Düfte, Geräusche. Bleib offen.

Je tiefer du dich mit deinen Sinnen verbindest, desto näher kommst du dir selbst, deinem Körper, deinen Gedanken. Heiße sie willkommen. Lass sie aufsteigen und wieder absinken, lass sie durch dich hindurchziehen.

Halte dich an deinem Atem fest, bleib ganz bei dir. Erkenne an, was durch dich hindurchdringt. Spüre, wie du selbst dich ankerst. Erst wenn du dich bewegst, bewegt sich die Welt mit dir. Solang du pausierst, solang du die Bilder, die Emotionen durch deinen Körper dringen lässt, sind sie ein Gefühl, eine Sekunde, eine Erinnerung. Du bestimmst, wie lange sie in dir schweben und wann sie dich wieder verlassen. Gib sie mit dem Rauschen des Windes oder mit dem Fluss des Wassers frei.

Du bist hier. Du bist jetzt. Es gibt gerade nichts zu tun. Es gibt keinen anderen Ort, an dem du gerade sein musst. Du hast Zeit. Du hast Kraft. Du bist die Stille.

Lass die Bilder zu, die zu dir finden, entschleunige ihr Flimmern – was siehst du?

Grün und Gelb. Hart und weich. Erde, Stein, Fynbos. Dann Blau, Himmel, Weite. Meine schwarzen Chucks, staubig vom Sand. Seine Hand in meiner. Meine Sonnenbrille in seinem Gesicht. Verschränkte Finger. Ihr Lachen. Der Korken, der sich löst, im Horizont verschwindet, den wir nicht wiederfinden, Schaum, der über meine Hand läuft, Champagner aus Pappbechern. Bleistiftzeichnungen, Post-its auf dem Fußboden, fließender Asphalt, das heruntergekurbelte Fenster, warmer Wind in meinen Haaren. Junior Burger auf dem Rückweg, Farbe an den Händen, kurze, schwarze Jeansshorts. Proteablüten,

Flügelschläge, klares Wasser, ein aufgeschreckter Steinbock, nur kurz in meinem Sichtfeld. Orange. Zum ersten Mal Pink. Gefärbtes Panorama, das Backgammon-Brett, zerbröselte Cracker, Weintraubenreste, Sonnenuntergänge.

Hörst du die innere Stimme, die sich vielleicht langsam wieder einen Weg zu dir bahnen kann? Wird sie lauter? Deutlicher? Kannst du sie verstehen?

Suche nicht nach ihr, falls sie sich nicht zeigt.

Atme ein, seufze aus. Bleibe bei dir.

Unsere innere Aufmerksamkeit, unsere innere Ruhe brauchen Übung.

Atme ein, seufze aus.

Was spürst du?

Ich öffne vorsichtig meine Augen. Hebe meinen Kopf. Presse meine Handflächen in den warmen Sand. »Ich bin noch nicht fertig«, höre ich mich selbst flüstern. Ich bin im Moment. Ich bin hier. Ich bin jetzt. Ich bin noch nicht fertig. *Noch nicht fertig.*

Zwei Schritte

Ich klopfe mir den Sand von der Hose, helfe mir selbst wieder auf die Beine und sehe mich um. Rechts von mir liegt irgendwo die Cabin, direkt vor mir der Sonnenaufgang, der sich über das Tal erstreckt. Ich halte mein Gesicht noch einen Moment länger in die erste Wärme des Tages. Sie fühlt sich an wie ein Streicheln, zurückhaltend, unaufdringlich. In einer halben Stunde wird sie an Kraft gewinnen, über mich hinauswachsen, aber jetzt gerade begegnen wir uns auf Augenhöhe. Wie weit ich ziellos in das Reservat hineingelaufen bin, wird mir erst bewusst, als ich nach ein paar Schritten den staubigen Sandweg wiederfinde, mich an seinem Verlauf orientiere. An feste Schuhe, eine Notiz oder mein iPhone habe ich nicht gedacht, als ich die Tür hinter mir ins Schloss fallen ließ. Chris hat neben mir noch geschlafen, und auch aus dem zweiten Schlafzimmer waren keine Geräusche zu hören. Wenn ich mich nicht irre, werde ich für den Rückweg mindestens eine halbe Stunde brauchen, je nachdem, wie viel Zeit ich mir mit der Steigung lasse, sogar mehr. Mit Google Maps hätte ich meine erdachte Route zumindest noch einmal abgleichen können. Andererseits funktioniert hier unten das Netzwerk sowieso nie.

Otto hat auf einem unserer Spaziergänge durch den Busch mal zu mir gesagt: »Die Leute kommen ins Nichts, nur um sich dann an ihrer Verbindung nach außen festzuhalten. Sie sind gestresst von der Idee, mit sich und der Natur allein zu sein, fühlen sich bedrängt von dem Gedanken, ihrer Erreichbarkeit beraubt zu sein. Ist das nicht absurd? Ist das nicht eigentlich wie eine schleichende, nervöse Krankheit, die wir uns selbst injizieren? Immer und überall vernetzt sein? Immer stimuliert? Immer beeinflusst? Immer abrufbar?«

Ich antwortete damals: »Das Absurde ist ja: Wir alle behaupten, es sei irgendwie nicht gesund, so abhängig von unserem Smartphone und ständig erreichbar zu sein, aber wenn wir es dann nicht sind, glauben die anderen erst recht, dass wir krank sein müssen oder uns sogar etwas zugestoßen sein könnte.« Wer unerwartet nicht erreichbar ist, der wehrt sich gegen das, was er sonst so oft sucht. Wer nicht erreichbar sein will, muss sich nach seiner Rückkehr erklären, meistens vor denen, die diese Unerreichbarkeit genauso ersehnen oder den Kommunikationsstopp sogar genossen haben. Immer dieser Krieg der Interessen, unser Rangeln um Freiheit, selbst auf WhatsApp.

Ich laufe meinem Gefühl hinterher. Erst einmal aufwärts, irgendwann werde ich schon einen Punkt streifen, den ich wiedererkenne, der mich zurück nach Hause bringt. Keinen Empfang zu haben, nicht vernetzt zu sein, das bedeutet auf einmal nicht nur keine Störung, kein Update, kein Einfluss, kein Zerren an meiner Aufmerksamkeit, keine Richtung. Es bedeutet auch, dass ich auf einmal mit mir selbst allein bin, dass ich mir selbst vertrauen muss, bei den simpelsten Dingen, einem Rezept, einer Erinnerung, einer kurzen Rechnung – bei der nächsten Abzweigung. Es bedeutet, dass ich selbst entscheide, dass ich mir selbst zuhöre, dass meine eigene Stimme, egal wie laut oder leise sie spricht, wieder Platz bekommt. *Ich bin noch nicht fertig.*

***

Maggs öffnet mir verschlafen die Tür, reibt sich die Augen und gähnt, während ich meinen Pullover über den Kopf ziehe und meine schmutzigen Latschen auf dem Abtreter ausziehe.

»Wo sind die anderen?«, frage ich.

Sie deutet auf die geschlossene Schlafzimmertür. »Chris schläft noch. Alexia ist eine Runde laufen.« Wir verziehen beide das Gesicht. »Aber wo warst du eigentlich?«

Ich antworte nicht, noch nicht. Stattdessen setze ich das Wasser auf den Gasherd, drehe die Flamme unter dem Kessel auf und fülle Kaffee in die Presse. Den letzten Schluck Mandelmilch, den ich im Kühlschrank finde, teile ich zwischen unseren Tassen auf. Maggs klopft auf die Kissen in ihrem Rücken und zieht dann die Bettdecke wieder über ihre Knie. Ich stelle den Kaffee neben sie. Die ersten paar Schlucke nehmen wir schweigend. Ich lasse mich in unsere Wortlosigkeit sinken. So viele Sätze und Silben, wie wir manchmal miteinander teilen, entweder sprechen, schreiben oder aufnehmen, so wenige brauchen wir, um uns am Ende dennoch zu verstehen. Mit niemandem spreche ich mehr als mit Maggs. Mit niemandem schweigt es sich besser, bequemer.

Sie hat die Vorhänge aufgezogen, die breite Fensterfront vollständig geöffnet. Das feine Material schwingt mit den Luftzügen, die Berge gewinnen mit jeder Minute an Intensität, als würden sie Stück für Stück vom Sonnenlicht mit Farbe gefüllt.

»Weißt du, was verrückt ist?«, frage ich in unsere Stille. »Wir glauben immer, in dem Moment, in dem wir uns einen Traum erfüllen, ist unser Leben endlich vollkommen, macht auf magische und dennoch so greifbare Weise auf einmal Sinn. Als wäre ein verwirklichter Traum die finale Destination für unser Glück. In Wahrheit habe ich nie mehr gezweifelt als in den letzten Monaten, nicht nur an mir, auch an meiner Antwort auf die ewige Millennial-Frage: *Woher weiß ich, dass ich glücklich bin?* Woher weiß ich, dass ich meinen Traum richtig lebe? Und woher weiß ich, dass es der richtige Traum ist?«

»Fühlt es sich denn nicht mehr richtig an?«, fragt Maggs mich und schaut dabei über ihren Tassenrand in die Weite.

»Manchmal fühlt es sich an wie die größte Herausforderung meines Lebens, dann wie ein Irrtum, dann wie eine Prüfung.«

»Und gerade?«

»Wie ein Aufstieg, dessen Höhe und Anstrengung ich nur Stück für Stück verstehe.« Ich streiche die Bettdecke vor mir glatt, als bräuchten meine nächsten Worte einen weißen Canvas, einen geordneten Untergrund. »Ständig lese ich über unsere Generation, dass wir zu schnell aufgeben, dass wir keinen Biss haben, keine Ausdauer, dass wir nichts opfern, dass wir nichts riskieren und dafür immer wieder kopflos fliehen. Wir lassen viel zu schnell los – aber manchmal vielleicht auch nur, um uns an anderer Stelle umso fester zu verbeißen. Um es uns und allen anderen zu beweisen. Schaut gefälligst her: Ich gebe nicht auf!« Bei meinen letzten Worten schlage ich mit der Hand auf die Matratze. »Nur um dann nachts doch wieder wach zu liegen und von der eigenen Stimme gefragt zu werden: Woher weißt du eigentlich, dass es Zeit zu kämpfen ist? Und woher weißt du, wann es Zeit zu gehen ist?«

Maggs zuckt mit den Schultern. »Ich glaube, dass du die Antwort darauf eigentlich immer kennst. Immer wenn du glaubst, dass du diese Stimme in dir nicht verstehst – tust du es vielleicht längst. Du hast nur zu viel Angst, das, was sie flüstert, oder das, was sie immer wieder aufwühlt, auch zuzulassen. Du wischst die Stimme weg, versuchst, sie zu betäuben oder zu übertönen oder sogar zu verfälschen.«

»Wie mit Erinnerungen«, antworte ich. »Die sind auch immer dann am ehrlichsten, wenn wir sie gerade erleben. Das, was du fühlst, jetzt gerade, wird nie wieder so echt, so nah, so greifbar sein. Einen Augenblick später ist es schon verfälscht. Wenn wir den Moment dann später wieder aufleben lassen, erscheint er manchmal größer und lauter, schöner oder noch funkelnder, manchmal aber auch blasser, ist auf einmal nur noch ein Haken auf einer Liste oder geht zwischen anderen Eindrücken einfach unter, manchmal wird er zu einer Lehre umerzählt, manchmal formt er sich zu einem Fehler. Die wenigsten Momente können wir uns pur erhalten.« Ich muss an einen Nachmittag in einem unserer letzten Sommer denken. »Wir vier, den ganzen Tag auf der Terrasse des Strandhauses in Yzerfontein, wir sitzen auf dem Boden, spielen Rummikub, mixen uns Cocktails aus Gin und Mangosaft, Jorge schläft auf der Liege neben uns ein, Phoebe liegt an seinen Füßen, mit einer Hand krault er ihren Kopf, Chris bringt uns Cracker und ein paar Weintrauben, wir vergessen die Zeit, vergessen, dass wir eigentlich an den Strand wollten. Noch eine Runde, so lang, bis du gewinnst – das ist so ein Moment, der echt bleiben konnte, der zu meinen schönsten Erinnerungen gehört, den ich beschütze und immer wieder vorsichtig aufblättere, wenn ich Sehnsucht nach ihm habe.« Maggs drückt meine Hand. Das tut sie selten, einfach so meine Hand nehmen und festhalten.

»Ich hab auch so einen Moment«, sagt sie. »Ich, mit einem Glas Wein in der Badewanne, die Sonne geht gerade am Horizont unter. Ich genieße die Stille, schließe die Augen und versuche zu begreifen, dass dieses Haus vor einem halben Jahr noch nicht stand. Dass vor einem halben Jahr hier noch gar nichts war. Nur ein Stein, auf dem wir gesessen und Pläne geschmiedet haben. Und jetzt ist es hier, ist lebendig geworden, ist keine Geschichte mehr, sondern Teil dieses Augenblicks, den ich wirklich erlebe, nicht nur für dich und mich ausmale.«

Ich wische mir die Tränen schnell mit dem Fingerknöchel von den Wangen, so als würden sie gerade stören.

»Es geht doch gar nicht um die Frage, ob du festhalten oder loslassen sollst. Du weißt doch längst, was du tun willst«, sagt Maggs. Ich nicke, und sie spricht weiter. »Es war immer mein Traum, nach Südafrika auszuwandern. Also habe ich es gemacht – und es geliebt. Bis ich es im zweiten Winter nicht mehr tat, bis sich dieser Traum auf einmal kalt und klamm anfühlte, die Uni wie eine Zeitverschwendung, die Miete zu hoch, meine Chancen auf einmal zu klein, kein großer neuer Horizont mehr vor mir, sondern eine graue Sackgasse, die sich jeden Morgen vor meinem Fenster noch dichter zusammenzog. Auf einmal habe ich mich nicht mehr erinnern können, warum ich das eigentlich alles gewollt habe, welches Ziel eigentlich am Ende dieses Planes stehen sollte, habe mich verloren gefühlt, nach Rückflügen gegoogelt und auf fremde Entscheidungen geschielt. Das ging drei Monate so. Und trotzdem lebe ich jetzt seit fünf Jahren in Kapstadt. Es ist vielleicht nicht die Cabin, das alles hier, was sich für dich auf einmal nicht mehr richtig anfühlt, sondern der elende Umweg.«

»Ja, auf einmal ist es nicht mehr aufregend, nicht zu wissen, was nach der nächsten Kurve kommt. Auf einmal ist es anstrengend. Ich blicke die ganze Zeit hinter mich und rechne auf, wie viel mehr Kraft und Geld und Zeit mich das alles hier kosten wird, was ich gespart hätte, wenn ich diesen Umweg einfach vermieden hätte, *wie* ich ihn hätte vermeiden können.«

»Aber du kannst es nicht. Selbst wenn du jetzt umdrehst. Du bist immer noch auf dem Umweg. Aber das hat nichts mit deinem Traum zu tun. Der ist doch hier – genau hier, wo wir gerade sitzen. Er ist da, er ist wirklich. Alles andere sind Nebengeräusche, ein paar zusätzliche Kilometer, die du irgendwann vergisst.«

Ist das so? Ist mein Traum längst da, längst wahr – und ich nur zu abgelenkt von all dem Lärm um ihn herum? Sieht er aus nächster Nähe einfach nur anders aus, als ich ihn mir ausgemalt habe? Oder bin ich zu dicht dran, um ihn zu erkennen? Werde ich den Umweg, die Fehler, diese Last, die doch eigentlich Euphorie hatten sein sollen, irgendwann wirklich nicht mehr in meinen Knochen spüren? Oder werden sich meine Erinnerungen einfach nur verfärben, von selbst verschönern, bis sie sich leichter anfühlen? *Woher weißt du, dass du das Richtige tust?* Gott, diese Frage macht mich wahnsinnig. Während ich still neben Maggs sitze, grabe ich in meinem Innersten nach der Antwort. Schon wieder.

Du weißt es längst, hat Maggs eben zu mir gesagt.

Ich weiß, dass ich nicht einfach aufgeben kann. Aber ist das schon alles? Oder bin ich einfach nur stur? Übersehe ich etwas?

Aus dem Augenwinkel nehme ich das flatternde Orange wahr, das auf einem der Pfeiler des Decks landet, sich kurz umsieht, den Schnabel in das Gefieder steckt, sich aufplustert, dann zu zwitschern beginnt. Ein *orange-breasted sunbird.* Das Grün seines Kopfes sieht in der Sonne so aus, als würde es glitzern, seine orangefarbene Brust leuchtet intensiv, changiert bei jeder Bewegung. Gerade als ich sicher bin, dass der Vogel im Bruchteil der nächsten Sekunde davonfliegen wird, kommt er noch näher, landet kurz auf dem Rand der Badewanne und stößt sich dann ab, um zurück in die Weite zu gleiten.

»Wow«, sage ich leise und schaue zu Maggs, selbst sie sieht beeindruckt aus. Unzählige Male habe ich versucht, mich einem *sunbird* zu nähern, es meistens nur mit der Kamera und einem großen Objektiv geschafft. Und jetzt saß ich hier, musste gar nichts tun, musste ihn gar nicht suchen, musste nur hinsehen, *like a true and professional bad birdwatcher,* denke ich – und begreife endlich. Hinsehen. Nicht übersehen, nicht suchen, nicht so lang starren, bis alles zu einem blinden Fleck wird. Einfach nur hinsehen. Sehen. Das, was ist. Jetzt gerade. *Das ist – alles.*

Vielleicht ist meine große Prüfung vom Glück nicht dieser Bau, der leckende Pool, das klemmende Fenster, die Verwirklichung meiner zerkratzten, immer wieder gefalteten Pläne, sondern die Erkenntnis, dass ein Traum keine Station, keine stringente Liste auf dem Weg zum Glück, keine Destination ist. Dass er sich manchmal gut, manchmal fremd, manchmal euphorisch und manchmal beengend anfühlen kann. Dass er dir manchmal wehtut, dich manchmal opfern will, dich wegtragen kann von dem, was du erwartet hast, nur um mit dir irgendwann dort aufzutauchen, wo es sich (wieder) richtig anfühlt. Dass er dir manchmal Angst macht, bis ihr euch zusammen weiterentwickelt.

Dass er ein Teil von dir ist. Zu einem Stück von dir wird. Und damit erst lebendig.

Zwei Schritte.
Träume nicht einfach nur erfüllen, sondern ausfüllen.
Nicht für den Moment leben, sondern mit ihm.

Zwei Schritte. Den ersten gehe ich in mir selbst, für den zweiten setze ich die Füße auf den Boden. »Ich mache uns Frühstück. Und dann lasiere ich diesen Stuhl.«

Epilog

Das Feuer im Kamin sammelt Kraft. Es wird noch einen Augenblick dauern, bis die trockenen Holzscheite hell auflodern, aber eine Flamme ist da, nährt sich an den kleineren Borkenresten. Ich schiebe den gusseisernen Knauf nach rechts, öffne den Luftzug. Hinter mir schrillt der Kessel auf, und ich putze mir meine rußigen Hände an einem Lappen ab, bevor ich das kochende Wasser vom Herd nehme und es über den frisch gemahlenen Kaffee gieße. Das nussig milde Aroma vermischt sich mit dem Geruch des Regens, der durch die weit geöffnete Fensterfront hereinweht. Die ganze Nacht über sind die Wolken immer wieder gebrochen und haben dicke Tropfen auf das Reservat niederprasseln lassen. Der durstige Sandboden saugte sie dankbar auf. Die Sonne hat es schwer an diesem Maimorgen, kämpft sich gerade in den Spalt zwischen Horizont und Wetterfront, wehrt sich gegen das Grau und taucht die schmalen Wolkenränder in ein glühendes Orange.

Auf dem Tisch neben dem aufgeklappten Laptop liegt mein Notizbuch. Ich schreibe an einem neuen Manuskript, an den ersten Kapiteln meines vierten Buches. Und ich habe beschlossen, es genau hier zu beginnen, an dem Ort, von dem es erzählt. *Oomblik.*

Es ist nicht das erste Mal, dass ich allein hier oben in der Cabin bleibe, aber es ist das erste Mal, dass ich sie so genießen kann, wie meine Gäste es tun. Keine Reparaturen, kein Streichen, kein Schleifen, kein Streiten, kein beladener Bakkie mehr, keine klemmenden Fenster, kein leckender Pool. Dafür eine heiße Dusche im Freien, frischer Kaffee auf meinem Deck, ein knisternder Kamin, ein kleiner Dackel, der davor schläft, ein paar geschriebene Seiten, die zweite Tasse Kaffee des Tages faul im großen Sessel genießen, später ein Spaziergang durch das Reservat, quer durch den Fynbos, bis hinunter zum Farm Shop. Ich brauche neues Holz und ein paar Eier für die Frittata. Es sind entschleunigte Tage, es sind die schönsten Tage. Manchmal fast so, wie ich sie mir ausgemalt habe, manchmal noch besser.

Seit jenem Morgen, an dem ich mich für die Momente mit meinem Traum – und nicht den Kampf um seine perfekte Erfüllung – entschied, sind gut zwei Monate vergangen. Zwei Monate, in denen ich noch einmal lernte, dass Glück und Erschöpfung, Euphorie und Ernüchterung keine Inseln, keine isolierten Gefühle, sondern ein Teil des Ganzen sind, dass wir niemals nur eine Emotion sind. Es ist so menschlich, es ist so wertvoll, dass ein Teil von uns vielleicht gerade schmerzt, während ein anderer sich an Leichtigkeit überfüllt. Dass ein Stück von uns gerade an uns zerren kann, sich nur langsam löst, während ein anderes erst leise heilt, dann kribbelnd zurück an die Oberfläche steigt und in uns strahlend leuchtet.

Ich bin endlich – und noch immer – dabei, mich in Oomblik zu verlieben, finde bei jedem Besuch eine neue Ecke, einen neuen Lieblingswinkel, einen neuen Moment, der mich inspiriert. Und ich bin noch immer dabei, die Erschöpfung Stück für Stück abzulegen.

»War es das alles wert?«, wurde ich neulich gefragt. Und dann: »Würdest du es noch einmal so machen?« Ich hatte überlegt und dann den Kopf geschüttelt. Nein, ich würde es nicht noch einmal so machen. Aber ich würde es trotzdem wieder versuchen. *Den Versuch ist es wert.* Das ist so eine Phrase, die wir gern dahinsagen, wenn wir ein bisschen Hoffnung in die Zweifel streuen wollen. Dabei ist dieser Satz eigentlich so viel mehr als ein Aphorismus. Natürlich war es den Versuch wert. Einen Traum auszusprechen, ihm ein Gesicht und eine echte Chance zu geben, ihn nicht einfach ziehen zu lassen, sondern mit ihm zu gehen, gehört zu den mutigsten Reisen, auf die wir uns selbst mitnehmen können. Und sie wird sich lohnen, nicht unbedingt schon auf, aber nach dem Umweg, auch dann noch, wenn er uns nicht direkt ans Ziel, aber dafür an einen anderen Ort bringt, den wir sonst vielleicht verpasst hätten.

Diese Cabin zu bauen, hier in Südafrika, hat mir viel abverlangt, hat mich nicht nur einmal in Sackgassen geschickt, hat mich immer wieder an mir zweifeln, aber auch an mir wachsen lassen, hat mich manchmal enttäuscht, hat Beziehungen getestet, ein paar gebrochen und andere noch tiefer gefestigt. Ich habe Geduld in mir gefunden, habe gelernt, Frieden mit dem Unbekannten, dem Ungeplanten zu schließen, Verantwortung ausgehalten und Konsequenzen getragen, ich habe meine Fehler nie deutlicher, endgültiger gespürt und danach gelernt, dass ich auch mit ihnen leben kann. Dass die besten Momente in unserem Leben nicht fehlerlos auf saubere Seiten geschrieben und sorgfältig entworfen werden, sondern meistens an den Rand gekliert. Dahin, wo wir gerade Platz finden.

Nicht *für* den perfekten Moment.
In ihm. *Mit* ihm.

Danksagung

Thank you, for not just believing in me when I succeeded, but when I was out there, trying.

Mein größter Dank geht an all jene, die ein Teil dieser Reise waren, ein Teil von Oomblik, der Cabin, dem Manuskript. Es ist so leicht, stolz auf jemanden zu sein, der einen Erfolg feiern kann. Es ist das größte Geschenk, an jemanden zu glauben, der noch nicht am Ziel ist, der dort draußen noch nach seinem Weg sucht.

Danke, Magdalena, für all die geopferten Wochenenden, für den schönsten Esstisch, für den Bubbly im richtigen Moment, für deine Sturheit, aber vor allem dafür, dass du entschieden hast, mich nicht und niemals scheitern zu lassen. Und last, but not least: Danke dafür, dass du diese Badewanne niemals aufgegeben hast. Love u!

Thank you, Chris, for deciding that you want to be a part of this. I could not have done it without you, which was hard to accept, but one of the purest resolutions I have ever felt. I love you.

Danke, Mama und Papa, danke, Omi - dafür, dass ihr einen weiteren Grundstein gelegt habt, damit ich meine Träume leben kann.

Thank you, Alexia, for fixing my doors, for the hugs, the whiskey that was needed and for always having my back.

Thank you, Esbie, for telling me that I actually can do what others think is impossible.

Thank you, Nandi, thank you, Cami and Charlotte, danke, Norli, danke, Julia, danke, Fenja, thank you, Maria, thank you, Meghan, thank you, Tash, thank you, Cleo, thank you, Cate and Jade, for all the shared moments that stuck with me, the pep talks, the energy, thank you for holding my hand (or sometimes my sobbing self), thank you for supporting me through all of this. What a wild ride it was and still is. I am glad you are a part of it.

Danke an Nina Schumacher und Tanja Bertele, die dieses Manuskript gemeinsam mit mir von einer rohen Idee zu einem fertigen Buch gemacht haben, danke für euer Vertrauen, für eure Geduld und eure Energie.

Lina Mallon

Zweit.nah
Wie wir lieben, wenn wir uns wagen

Lina Mallon schreibt schonungslos ehrlich über den inneren Konflikt, eine Beziehung zuzulassen.

Cosmopolitan

Eden Books
Ein Verlag der Edel Verlagsgruppe

www.edenbooks.de
1. Auflage 2022

Einige der Personen im Text sind aus Gründen des Persönlichkeitsschutzes anonymisiert.

Korrektorat: Rotkel. Die Textwerkstatt
Gestaltung Umschlag und Bildteil: Katja Vogt nach einer Idee von Lina Mallon
Layout und Satz: Datagrafix GSP GmbH, Berlin | www.datagrafix.com
Druck und Bindung: GGP Media GmbH, Pößneck
ISBN 978-3-95910-378-7

Printed in Germany

Eden Books unterstützt bei der Produktion dieses Buches das Projekt »Junge Riesen für die nächsten 100 Jahre«. Damit wird ein Anteil der unvermeidbaren CO_2-Emissionen im direkten Umfeld des Produktionsstandortes kompensiert.

MIX
Papier aus verantwortungsvollen Quellen
FSC® C014496
FSC
www.fsc.org